學貫大成

百〇七歲叟馬識途

国学经典

中华上下五千年

张婷婷　编著

第六卷

民主与建设出版社

·北京·

元中央官制沿革

成吉思汗时代的官制保留了不少蒙古旧俗。到元世祖忽必烈时，由于统治中心已移至汉族地区，便取法汉制，逐渐建立健全了一整套中央官制系统，奠定了元代中央官制的基础，为统一多民族国家的巩固和发展做出了贡献。

金泰和二年（1202），蒙古首领铁木真设札鲁忽赤（断事官），统领司法、行政、财政等事，出现了专职的行政官员。成吉思汗元年（1206），设也可札鲁忽赤，位于大汗下，是众札鲁忽赤的长官，出现了行政长官。元世祖以后，中央政务划归中书省，也可札鲁忽赤及其属官改为大宗正府，专管上都、大都的蒙古人及怯薛、军站色目人的司法事务。此外，成吉思汗时期还设立了太师之职，授予元勋重臣，作为褒奖。太师一职后来演变为太师、太傅、太保等三公，仍是无固定执掌的荣誉官衔。

元太宗三年（1231），窝阔台设中书省，但尚未形成固定的机构。中统元年（1260）正式设立了固定的中枢政务机构中书省。此后，虽在世祖、武宗时三次设尚书省以分中书省之权，但自至大二年（1309）撤销尚书省之后，中书省一直是元朝政府的唯一一个中枢机构。中书省设中书令一人，世祖以后均由皇太子兼任，因而常常虚设。真正主持中书省的是右、左丞相各一人，其副职有平章政事、右左丞、参政等。中书省直属办公机构是参议领导下的左右司。下属政务机构是吏、户、礼、兵、刑、工六部，各设尚书、侍郎等官，分掌人事、财政、礼教、军事、司法和工程、制作等事。

元世祖在位期间，中央各行政机构日益完善。这些机构的设立情况大致如下：

中统元年（1260）设立总制院，掌管佛教和吐蕃事务，由国师掌管。这个机构后改名为宣政使、设院使、同知等官。同年设立的还有太常寺、符宝郎、太医院、司天台等。太常寺后改名为太常礼仪院，掌管礼乐、祭祀、封赠等事。符宝郎掌管宝玺符牌印信等事，后成立符宝局，又改名典瑞院。太医院掌管全国医政和宫廷医药事务。司天台掌管天文历算，后分为掌管历法的太史院和掌管天文历算学校的司天台。司天台又改名为司天监。此外，还设立了回回司天监，专掌回历。

中统四年（1263）设立的主要是军事机构枢密院和与军事有关的群牧所。群牧所后改名太仆寺，掌管马政。枢密院职掌详见"元代兵制"条。此外，当年还设立了太府监，掌管库藏和财物出纳等事。寺、监均设卿、少卿等官。

中统年间，忽必烈还设立了翰林学士一职，但未设官署。直到至元元年（1264）才设立了翰林国史院，掌管文化教育，设有学士承旨、学士等官。后从翰林兼国史院中分出蒙古翰林院和未掌教育的集贤院，以及专掌诸王朝觐，与蒙古翰林院共掌译写诏令的内八府宰相。隶属于集贤院的中央官学有国子监等。

至元五年（1268），设立御史台，掌监察。御史台设有御史大夫、中丞、侍御史、监察御史等官。后来，为加强对地方官府的监察，成立了江南诸道行御史台和陕西诸道行御史台，简称"南台""西台"，而御史台本身则称"内台"。南台、西台设官一如内台。三台分辖二十二道肃政廉访司，监察十一个行省的各级官员。这时，元朝已设立了专管宫廷饮食和官府用粮的宣徽院。宣徽院下辖机构有光禄寺、大都尚饮局等。此外，还设立了掌管兵器制造、保管、发放的军器监，后改名为武备寺。

至元六年（1269），设起居注、左右补阙，负责记录皇帝和中央各官署的日常活动。后改名为给事中兼修起居注和左、右侍仪奉御兼修起居注，作为侍奉皇帝左右的侍从官。

为了加强对驿站的管理，至元七年（1270），设立诸路都统领使司，掌管全国驿站。后改名为通政院，不久又分成大都、上都两通政院。同年还设立了大司农司，掌管农桑、水利、赈灾等事。至此，中央行政机构基本设立完毕。

从至元九年以后，忽必烈对中央机构进行过一些调整。设立的重要机构有：

至元九年（1272）设立的秘书监，掌管历代图书和阴阳禁书。

至元十年（1273）设立利用监，掌管皮货衣物之事。后来又设立了将作院，掌管金珠玉翠等珠宝制作和刺绣织造等事。

至元十一年（1274），设立畏兀儿断事官，专掌有关色目人的民政和司法事务，后改称都护府。后来，又设立了专掌也里可温教（基督教）事务的崇福司。宣政院、都护府、崇福司的设立体现了元朝政府对民族和宗教问题的重视。

至元十五年（1278）加强了宫廷事务机构。设立詹事院，掌管东宫太子事务。后改名为储政院。大约在此前后，陆续建立了掌管皇后、诸王事务的各总管府及王傅等官。设立了大都留守司，掌管京师警卫、财政和宫廷营建、供应等事。后来又设立了专管御用车马及其部件制作的尚乘寺。这样，宫廷事务机构也大体齐备了。

至元末年设立的还有一个重要机构，即至元二十八年设立的都水监，专门掌管水利桥梁等事。

总之，元世祖忽必烈在位期间，中央官制基本定型，即以中书省、枢密院、御史台、宣政院为支柱的中央决策和行政体制。此后各朝虽有变革，但始终没变上述格局。成宗以后设立的重要机构有：元贞二年（1296），设中御府，专掌中宫财赋、营造、供给及卫士事务。后改名为中政院。大德五年（1301），设立掌管大斡耳朵事务的长信寺。后来又陆续设立了掌管诸帝后斡耳朵事务的长秋、长宁、长庆、宁徽等寺。宫廷机构得到进一步加强。

元文宗十分重视文治，于天历二年（1329）设奎章阁学士院，专掌进讲经史之书，并为皇帝考察历代治国之道。设立了艺文监，掌管儒学典籍的校刊和将其译成蒙古文字的事务。

此外，在至顺二年（1331），文宗又设立了侍正府，专门掌管内廷近侍的有关事务。

元征日本

元世祖忽必烈征服高丽（朝鲜半岛古代国家之一）之后，企图迫使日本臣服，以扬威海外。

至元三年（1266）八月，忽必烈派兵部侍郎黑的、礼部侍郎殷弘出使日本，命高丽派人充当向导。高丽向导将蒙古使臣引至巨济岛即折回，未能到达日本。次年六月，忽必烈再派黑的等出使，严令高丽务必将使臣护送到日本。高丽国王派其朝臣潘阜等代替蒙古使节传书，在日本逗留五个月。日本执政的镰仓幕府拒不答复元朝国书，潘阜等人不得要领而还。至元五年（1268），忽必烈第三次派黑的等人出使。元使到达对马岛（在日本、韩国之间的朝鲜海峡中部，属于日本长崎县），仍被日方拒之门外。后来在至元八年（1271）和九年（1272），忽必烈两次派秘书监赵良弼出使，均被滞留于日本太宰府，未能进入京都。

日本拒绝朝贡，忽必烈决心使用武力。早在至元七年（1270）便下令在高丽屯田，储备攻日的粮饷。至元十一年（1274）三月，命凤州经略使忻都、高丽军民总管洪茶丘等率兵一万五千人，大小战船九百艘进攻日本。后又设立征东元帅府，以忻都、洪茶丘为都、副元帅，增兵至二万五千人。十月，元军从合浦（今镇海湾马山浦附近）出发，攻占对马、一岐（一岐岛属日本长崎县的壹岐市）两岛，在肥前松浦郡、筑前博多湾（今福冈附近）登陆。但在日军的坚决抵抗下，虽获小胜，未能深入。不久，因台风将大部分战船毁坏，元军仓促撤退回国。该年是日本龟山天皇文永十一年，是役在日本史上被称为"文永之役"。

至元十二年（1275）二月，忽必烈派礼部侍郎杜世忠等出使日本。后来，又在高丽、江南等地大批制造战船，继续备战。杜世忠等一到日本，即被镰仓幕府处死。但这一消息直到至元十七年（1280）才传到元朝。于是，忽必烈决心再征日本。至元十七年（1280）下半年，元朝征调军队，招募士卒，成立征东行省（亦称日本行省）主持征伐大计。

至元十八年（1281）正月，忽必烈分两路出师。五月，征东行省右丞忻都、洪茶丘和都元帅金方庆等率蒙、汉、高丽军四万人组成东路军，乘战船九百艘，仍从合浦出发，在筑前去驾岛登陆。在遭到日军顽强抵抗之后，元军退到鹰岛，转攻对马、一岐、长门等地。六月，行省右丞相阿塔海、右丞范文虎、左丞李庭、张祷等率新附军及强征来的江南士卒共十万人组成的江南军，乘战船三千五百艘从庆元（今宁波）起航，抵达日本平户岛（位于日本长崎县北松浦半岛西方）。两军会合之后，主力屯驻鹰岛，偏师进屯平户岛，计划分数路进攻太宰府。但是，元军统帅之间不和，严重影响了军务。受命指挥征日的范文虎是南宋降将，被诸将轻视，无力节制部署。高丽军统帅洪荼丘、金方庆之间积怨甚深，无法通力合作。将帅不和，再加上日军戒备森严，元军滞留鹰岛达一个月之久。八月初一夜，台风侵袭元舰停泊地，大部分舰只被毁。初五，范文虎、忻都等将领丢下十余万大军，各乘坚固船只逃回国内。留在日本的元军大部分被日军歼灭，仅被俘者就达二三万之多，逃回国内的只有五分之一。二征日本以惨败结束，该年是日本后宇多天皇弘安四年，日本史称此役为"弘安之役"。

　　两次失利并未使忽必烈放弃征服日本的企图。至元二十年（1283）年初，他下令重组大军，修造船只，搜集粮草，引起江南人民的强烈反抗，迫使其暂缓造船事宜。至元二十二年（1285）再次下令大造战船。年底，征调江淮等漕米（我国封建时代由东南地区漕运京师的税粮，因其运输方式而得名）百万石运往高丽合浦，下令禁军五卫、江南、高丽等处军队于次年春天出师，秋天集结于合浦。后因部分大臣反对，尤其是要对安南用兵，忽必烈才不得不于至元二十三年（1286）正月下诏罢征日本。此后，元朝虽还有过征伐日本的议论和准备，均未能实现。直至元末，元朝和日本政府之间始终处于僵局。中日交往主要是民间贸易往来和僧侣间的往来。元朝政府对这种经济、文化交流采取了支持的态度。

元末宫廷内乱

脱脱被罢免之后，元朝宫廷之中形成了顺帝与奇皇后（蒙古姓肃良合氏，名完者忽都，元惠宗第三任皇后）、太子两派势力，展开了激烈的斗争。

至正十四年（1354）十二月初九，顺帝任命宠臣、宁宗乳母之子、宣政院使哈麻出任中书平章。次日，又命哈麻之弟、集贤大学士雪雪和中书平章月阔察儿取代脱脱统率出征各军。不久，顺帝命哈麻提调经正监、都水监、会同馆，知经筵（为讲论经史而特设的御前讲席）事，兼任大司农。是年，顺帝更加怠于政务，在宫中造龙船、宫漏，设十六天魔舞，沉溺于淫乐之中。

至正十五年（1355）四月，顺帝以中书左丞相定住为右丞相，哈麻升为左丞相，雪雪升为御史大夫。这时任中书平章的还有桑哥失里、搠（shuò）思监等人。六月，顺帝又让雪雪提调端本堂，负责太子的学业。但在同年九月，顺帝让搠思监提调武卫亲军，纽得该任中书平章。这两人与哈麻兄弟毫无瓜葛，朝中形成了与哈麻抗衡的势力。十一月，定住离职养病，中书大权尽归哈麻。

这时，哈麻后悔自己过去引导顺帝跟番僧学演揲儿法（西藏红教喇嘛以性交为修道法门之秘密修法），纵情声色的行为，对自己的妹婿、集贤大学士秃鲁帖木儿继续怂恿顺帝淫乐感到十分厌恶。他对自己的父亲秃鲁说："我们弟兄二人身居宰辅大臣之位，应该引导皇帝走正道。现在秃鲁帖木儿就知道用淫乐来讨好皇帝，天下的士大夫肯定在讥笑我们。我们将来有什么面目见人呢！我打算除掉他。再说皇上日趋昏庸，怎么能够治理好天下？

如今皇太子年龄大了，聪明过人，不如拥立太子为帝，奉皇上为太上皇。"不料，这一密谋被他妹妹知道了，告诉了自己的丈夫。秃鲁帖木儿便在顺帝面前撒谎说："哈麻说陛下年纪大了。"言外之意是哈麻要逼他退位。顺帝大怒，下令哈麻兄弟不得入朝，居家听旨。

至正十六年（1356）正月，罢免哈麻、雪雪兄弟。二月初二，搠（shuò）思监出面弹劾哈麻兄弟。顺帝假惺惺地表示姑念哈麻兄弟侍从日久，又与宁宗皇帝同乳，要他们领兵出征，戴罪立功。同时，要中书右丞相定住重新掌管中书省。过了几天，定住、桑哥失里等再次弹劾哈麻兄弟。顺帝下诏将哈麻兄弟贬出京师。但在哈麻兄弟临行时，又下令将他们活活打死，并抄没家产。由于哈麻兄弟诬陷过脱脱兄弟，人们对他们的下场没有什么同情的表示。

哈麻垮台之后，顺帝改用搠思监。至正十六年（1356）四月，提升搠思监为中书左丞相。一年之后，又提升搠思监为右丞相，使他掌握了中书省大权。但顺帝在提升搠思监的同时，又在扶植太平的势力，任命太平为中书左丞相。顺帝自己仍然沉醉于后宫享乐中。搠思监曾参加过徐州、淮南等地的战争，作战勇敢，立有军功。但自担任丞相之后，不仅对时弊没有什么匡救（扶正挽救）措施，政治状况继续恶化，还公然接受贿赂，贪财之名传遍天下，朝野舆论哗然。至正十八年（1358）监察御史燕赤不花弹劾搠思监任用亲信朵列和侍妾的弟弟崔完者帖木和印造伪钞。事情即将败露之时，搠思监竟然逼朵列自杀灭口。刑部官员建议追查这一案件，追究搠思监的责任，太平却认为如追查并处分搠思监，必将这件丑闻传播开来，有辱朝廷的名声，于是极力为搠思监辩解。最后，顺帝听了太平的建议将搠思监罢官，但不予深究。

哈麻兄弟死后，奇皇后、皇太子并未放弃逼顺帝禅位的企图，一再拉拢握有实权的太平。奇皇后、皇太子派宦官、资正院使朴不花暗示太平，太平置之不理。奇皇后亲自在宫中宴请太平，席间重申前意，太平仍模棱两可。不久，太子唆使御史弹劾顺帝亲信、御史中丞秃鲁帖木儿。御史未及上奏，就被调任他职。于是，太子怀疑是太平之子、知院兼太子詹事也先忽都泄密，决心铲除太平。知院纽的该闻知，多方维护太平父子，太子之谋未能得逞。

至正二十年（1360）年初，纽的该去世。太子唆使御史诬陷太平的得力助手中书左丞成遵、参政赵中贪赃，将两人下狱并处死。太平知势不可留，数次称病辞职。二月，太平罢相，以太保衔留守上都，后来终于被逼自杀。随后，顺帝重新任命搠思监为中书右丞相。搠思监和朴不花等勾结在一起，扣押四方警报及将帅之功，对顺帝封锁消息。宫廷中分成了太子派及其对立面拥护顺帝的老的沙、秃鲁帖木儿一派。两派都把希望寄托在握有重兵的将帅身上，宫廷斗争与军阀混战交织在一起，元朝统治集团呈现崩溃的兆头。

划分卫藏十三万户

元朝于至元五年（1268）在卫藏地区划分十三万户。中统元年（1260），元世祖忽必烈首次派员入藏，清查户口，设立驿站。至元二年（1265），派八思巴与其弟恰那多吉返藏，安排建立卫藏地区各级行政机构，筹备划分十三万户。至元五年（1268），元朝的两名主管官员阿衮、米林入藏，由萨迦本钦释迦桑布协助，第

二次在藏清查户口，确定各地的赋役负担，并在此基础上划分卫藏十三万户。

根据元朝的规定，夫妇、子女及仆役共六人，拥有六根柱子地面的房屋及一定数量牲畜和田地的家庭，为一个"小户"，一百个这样的小户组成千户，十个千户为一万户。依据卫藏地方各僧俗封建主的实力，元朝将其中势力较强大者划分为十三个万户。关于十三万户的名称和地望，各种史料所记略有出入。一般认为有以下十三个：

卫地区（今西藏自治区以拉萨市为中心的地区）六个：一、雅桑万户，二、帕竹万户（均在今山南市乃东区），三、达垅万户（今林周县），四、蔡巴万户（今拉萨东郊），五、止贡万户，六、嘉玛万户（均在今墨竹工卡县）。藏地正（今西藏自治区以日喀则市为中心的地区）六个：一、拉堆绛万户（今昂仁县），二、拉堆洛万户（今定日县），三、萨迦万户（今萨迦县），四、香万户（今南木林县），五、曲弥万户，六、夏鲁万户（均在今日喀则市）。卫藏地区之间一个：羊卓万户（今浪卡子县）。各万户实际所辖户数均不足一万户，最少者仅有七百五十户（羊卓万户），多者亦不足六千户（嘉玛万户）。

每个万户设万户长一人，由帝师或宣政院从当地僧俗势力领袖人物中提名，经皇帝任命后，准许世袭。元朝前期奉行抬高西

第七篇 宋·元

1248

藏佛教萨迦派领袖人物的政策，通过他们加强对卫藏的治理。萨迦万户的首任万户长萨迦本钦释迦桑布，被授予统领其他十二个万户的权力，实际上成为十三万户之首。十三万户划分后不久，在元朝皇室的支持下，他曾征调十三万户的人力，建成萨迦南寺。

卫藏各地方封建势力之间原无高下尊卑之分，各自管理自己的庄园属民，互不统属。萨迦万户倚仗元朝的支持，侵害其他万户的利益，往往引起他们的不满，遭到抵制。矛盾激化时，双方不惜兵戎相见。元至元二十七年（1290）止贡万户公开反对萨迦，当时的萨迦本钦旺琏引元军入藏，一同进攻止贡万户，放火烧毁止贡梯寺大殿，杀死止贡僧俗属民一万余人，止贡万户的属地也多被萨迦夺占。

元朝后期，帕竹万户的势力开始崛起，萨迦万户的势力则日渐衰落。元顺帝至元四年（1338），绛曲坚赞继任帕竹万户长，不久即与邻近的雅桑万户发生纠纷。雅桑万户联合蔡巴万户，在萨迦本钦的支持下，一度使帕竹的势力受到挫折，萨迦本钦甲瓦桑布甚至将绛曲坚赞逮捕关押。后绛曲坚赞逃出，重整帕竹实力，公开反抗萨迦本钦。至正四年（1344），帕竹攻占萨迦的属地贡噶宗。至正八年（1348），消灭势力强大的蔡巴万户。至正十年（1350），灭止贡万户，尽取其地，遂独占卫地，与萨迦对峙。至正十四年（1354）前后，帕竹一举攻占萨迦，统一了卫藏大部分地区。萨迦地方政权从此崩溃。

与此同时，帕竹遣使赴元大都入贡，元顺帝承认了既成事实，遂封帕竹首领绛曲坚赞为"大司徒"，并赐予世代执掌西藏地方政权的诏册和印信。帕竹于是取代萨迦，成为卫藏大部分地区的统治者。

十三万户是元朝在卫藏地区划分的基层行政单位，受元朝在西藏设立的乌思藏纳黑速与鲁孙等三路宣慰使司都元帅府管辖。划分十三万户，是元朝中央政府在西藏施政的重大措施之一。明朝建立后，沿袭元制，仍保留了万户府一级的建制。

元朝重修大运河

元灭南宋后，仍利用隋唐运河旧道转运漕粮，路线大致是：由长江辗转入淮，逆黄河上达中滦旱站（今河南封丘西南），陆运一百八十里至淇门（今河南浚县西南），入御河（今卫河），水运至于大都。因运河河道多有壅塞，水陆转运颇多不便，而海上运路往往风信失时，亦多倾覆，于是元朝政府着手组织对大运河的修凿。

至元十三年（1276）始凿济州河，至元十七年（1280），浚（修理疏通）通州运河。至元十八年至二十年（1281—1283），由奥鲁赤主持引汶水、泗水，从济州（今山东济宁）西北到须城安山（今山东东平西南）长一百五十多里的济州河开通。漕路由淮河入泗水（今中运河），经济州河北抵安山，出大清河（今黄河下游），经东阿（今山东东阿南）、利津（隶属山东省东营市）入海，然后由海运入直沽（今天津大沽口）转至大都（城址位于今北京，元朝首都）。后又因海口淤沙壅阻，运道不通，又改由东阿陆运至临清（今山东临清南）入御河。至此，元代南北航运除东阿、临清之间一二百里陆路外，已经大致沟通。此外至元十七年（1280），曾用王积翁建议，令阿八赤等广开新河，然而新河候潮以行，船多损坏，于是罢新河。

至元二十六年（1289）朝廷从寿张县尹韩仲晖等人建议，开会通河以通运道。会通河自须城安山西南起，分梁山泺（今山东梁

1250

山、郓城等县间的梁山泊）水源北流，经寿张（今山东梁山西北）西北到东昌（今山东聊城），又西北于临清入御河（大同市附近最大的一条河流），全长二百五十余里。工程由李处巽（xùn）主持，历时六个月完成。中途建水闸三十一处，可以随时调整流量。至此，南北航运已全线沟通。会通河"开魏博之渠，通江淮之运，古所未闻"，称为一时盛事。黄河于宋、金之际夺淮入海后，北边故道久已减弱，会通河开凿后，黄河一部分水流由此流入御河，北上入海，御河因此又有"北黄河"之称。

至元二十八年（1291），按照郭守敬规划的方案开凿通惠河。通惠河导北京市昌平区白浮村神山泉，过双塔榆河，引一亩、玉泉诸水入城，汇于积水潭，又东折而南，出文明门（今崇文门）至通州高丽庄入白河。全长一百六十四里，中设水闸二十一处，大致"每十里置一片闸"。工程历时一年，丞相以下朝廷百官曾往工地劳作，"皆亲操畚锸（běn chā，泛指挖运泥土的用具，亦借指土建之事。畚：盛土器；锸：起土器）为之倡"。河成之后，漕船可以一直驶入大都城，"自是免都民陆挽辇（借指驾车）之劳，公私便之"。

由通州南下至白河北运河北段，上接通惠河，下通大沽河，是南北通航要道，然而，由于所依赖的潞河（白水、榆水、浑水合流）水源不足，河道浅塞，通行不便。至元三十年（1293），忽必烈采纳漕运使司建议，又引小渠水入榆水，以增加流量，便利行舟。

至元末年，还曾经对相当于旧邗沟的扬州运河进行疏治。扬州运河在灭宋后逐渐壅塞，连年疏治，成效不大，至延祐四年（1317）方疏浚畅通。至治年间（1321—1323），又对属江南运河的镇江运河进行疏凿。疏凿河段自镇江至常州武进区吕城（今江苏丹阳东南）坝，长一百三十一里。疏凿后河面加阔至五丈，底阔三丈，深六尺。同时，还开浚了镇江运河的重要水源练湖（今江苏丹阳北）。

至正二年（1342），又根据中书参议孛罗帖木儿和都水傅佐的建议，进行开京师金口河的工程。计划起自通州南高丽庄一百二十余里开新河一道，深五丈，宽十五丈，放西山金口水东流，合御河，"接引海运至大都城内输纳"。然而工程完成之后，起闸放金口水，流湍势急，沙泥壅塞，船不可行。金口河工程破坏了沿途的民居基地，夫丁死伤甚众，"又费用不赀（不可计数），卒以无功"，既而御史纠劾建言者，孛罗帖木儿和傅佐都因此被处死。

元朝政府着手陆续修凿完成的大运河全长三千多里，北起大都，南达杭州，沟通了海河、黄河、淮河、长江和钱塘江五大流域。元代大运河对于元帝国维持专制主义统治有重要作用，同时促进了南北经济文化的交流，也为明清运河的畅通以及现代大运河的水运条件奠定了基础。

元末诸帅纷争——元朝的灭亡

朱元璋听从谋臣刘基的意见，先击败了陈友谅，然后把大军集中起来，向东面进攻，很快消灭了张士诚和其他一些对手。这时候，朱元璋已经拥有一支很强大的军队，占据了长江中下游一大片富饶的地区，具备了推翻元朝、统一全国的实力。朱元璋积极做准备，想一举消灭腐朽的元朝。

这个时候，元朝在干什么呢？元朝的皇帝元顺帝是个非常昏庸无耻的家伙，他的军队和红巾军在外面杀得不可开交，他却在皇宫里寻欢作乐，每天也不上朝，根本不像一个国家的天子。皇太子爱猷识理达腊看不惯他父亲的这种做法，他想，天下乱到了这种程度，再这么胡闹下去，元朝的江山迟早会落到别人手里。于是，他就联合皇后和左丞相哈麻，想废掉元顺帝，自己当皇帝。元顺帝听说哈麻想背叛自己，非常生气，下令把哈麻充军到广东，派人在路上把哈麻活活打死了。皇太子和皇后没有成功，很不甘心，就又寻找机会准备下手，这样，宫廷里就产生了矛盾。宫里乱哄哄的，宫外也不安宁。

在镇压红巾军的过程中，元朝内部形成了一批新的军事头目，像河南的扩郭帖木儿、山西的孛罗帖木儿，还有李思齐和张良弼等，都握有重兵，各霸一方，根本就不把皇帝放在眼里。这些人为了争夺地盘，扩大自己的势力，经常互相攻打。元顺帝多次下令，让他们不要自相残杀，可是一点也不起作用，扩郭帖木儿和孛罗帖木儿不但不听皇帝的命令，反而打得更凶了。元顺帝没有办法，自己手里没有多少军队，还得依靠这些将领们对付各地的红巾军，只好睁一只眼闭一只眼，凑合着过日子。

可是没过多久，宫廷里的斗争又和外面的斗争联系了起来。这下子可就热闹了，元顺帝依靠并支持孛罗帖木儿和张良弼，而皇太子却同扩郭帖木儿、李思齐结成一派，从内到外，闹个不停。后来，孛罗帖木儿被杀掉了，扩郭帖木儿掌握了大权。李思齐见年纪轻轻的扩郭帖木儿竟然爬到了自己头上，很不服气，就联合张良弼等将领，共同对付扩郭帖木儿，双方在关中相持，前前后后一共打了一百多次仗，争不出高低，但是都损伤了不少人马。

再说应天的朱元璋，一面做北伐的准备，一面注意着北方的动静。他看出元朝内部矛盾重重，已经没有多大的力量了，意识到消灭元朝的机会到了。

1367 年 10 月,朱元璋发布了北伐檄文,在檄文里他指责元顺帝昏庸无能,把人民逼到了起义造反的地步,元朝的气数已尽,上天派他来领导人民把蒙古贵族赶出中原,建立汉人的政权,拯救百姓。接着,他任命徐达为征虏大将军,常遇春为副将军,统率二十五万大军,向元朝发动进攻。朱元璋是个很了不起的军事指挥者,他深刻了解元朝的形势,给北伐军制订了正确的战略计划,就是"先攻取山东,再占据河南,然后夺占潼关,控制这个门槛。最后进攻大都,扫荡山西和陕西"。

朱元璋军纪严明,规定不能随便屠杀人民,不能抢夺老百姓的财产,所以,他的军队很受老百姓欢迎。徐达按照朱元璋的计划,没费多大劲就攻下了山东、河南,元朝的军队不是投降就是逃跑,根本就挡不住北伐军的进攻。

1368 年,朱元璋在应天做了皇帝,明朝正式建立了。当时,北伐军已经攻克潼关,大都已经很危险了。可是,扩郭帖木儿却把军队驻扎在太原,不愿意来援救大都。李思齐和张良弼呢,见明朝军队这么厉害,就带着残兵败将向西逃窜了。1368 年 7 月,各路明军在山东德州集结,然后分水陆两路沿着运河北上,几十万大军浩浩荡荡杀奔大都。一路上势如破竹,先占领了长芦、青州,然后攻占直沽。直沽失守的消息传到大都,元顺帝吓得吃不下饭,睡不着觉。很快,通州又丢了。通州是大都的最后一道门户,通州失守,大都就成了明军的进攻对象,这可怎么办哪!

元顺帝征求文武大臣们的意见,一个叫伯颜不花的太监哭着说:"大都是咱们的世祖忽必烈定下的京城,陛下应当死守,怎么能丢弃它呢!我们愿意率领护卫军到城外抵抗明军,请求陛下固守大都!"

元顺帝觉得这话有些道理,可是,大都城里的守军少得可怜,外面的将领们又不来救驾,怎么能守得住呢?他想了想,叹了口气,说:"事情发展到这种地步,怎么能学习宋朝的徽宗和钦宗被人家俘虏呢!"

就在这天夜里,元顺帝率领后妃、太子和文武大臣一百多人,从建德门逃出了大都,奔向北方茫茫的草原。几天之后,明军攻占了大都,元朝灭亡了。朱元璋把大都改称北平,明朝正式取代了元朝。

马可·波罗来华

元世祖时,中国国力空前强盛,它的强大、富庶让西方人赞叹不已。西方各国有越来越多的人慕名前来,比如商人、使者和旅行家等,马可·波罗就是其中之一。马可·波罗是意大利人,他出生在一个名叫威尼斯的古老商业城市。他的祖上都是商人,到了他的父亲和叔叔这一代,他们的生意主要集中在地中海东部。1260 年,他父亲和叔叔因为生意上的往来,在中亚的布哈拉遇到了一个波斯使臣,他们两个与使臣一起来到中国,还有幸得到了元世祖忽必烈的接见。

1269 年,马可·波罗的父亲和叔叔结束了在东方国家的奔波,回到了家乡威尼斯。他们把在东方的所见所闻讲给马可·波罗听,那一年马可·波罗十五岁,这个外国少年被长辈的讲述迷住了,他对东方有了强烈的向往之情。又过了两年,马可·波罗跟随父亲和叔叔,开始了去往中国的旅程。三年半后,他们终于在 1275 年夏季到达元上都（位于今内蒙古自治区多伦西北）。之后，一行人到达大都（今北京），并在这里住了下来。

此时的马可·波罗已经二十一岁，不再是当初那个懵懂的少年，他在父亲和叔叔的带领下觐见忽必烈大汗。忽必烈特意设宴款待他们，还让他们在朝中多居住一段时日。马可·波罗天资聪颖，又很好学，没多长时间就学会了朝廷礼仪，还能熟练讲出蒙古语等语言。忽必烈很器重马可·波罗，不仅给了他一份在大都的差事，而且还让他作为使臣出访邻近国家。

十多年之后，元朝的阔阔真公主嫁往波斯，马可·波罗和父亲、叔叔负责护送，在任务完成后，他们于 1295 年回到了阔别二十多年的家乡威尼斯。他们回来的消息使整个威尼斯轰动了，不管是名门贵族还是平民百姓，都来看望他们，并打听中国的情况。

不久之后，一场战争在威尼斯与热那亚两座城市之间爆发了。马可·波罗作为威尼斯人，义无反顾地投身到战争中去，可是威尼斯最终战败，马可·波罗也成了俘虏，被关进了牢房。在狱中，马可·波罗经常把自己在东方各国的见闻讲给狱友们听。其中有一个人名叫鲁思蒂谦诺，他觉得马可·波罗的讲述很有意思，便和马可·波罗商量，由马可·波罗口述，自己负责记录。因为鲁思蒂谦诺精通法语，他便用法语写成了这部举世闻名的《马可·波罗游记》。

《马可·波罗游记》问世后，欧洲国家的人们争相传阅，引起了极大的轰动。这本游记开阔了中古时代欧洲人的地理视野，将东方国家的风貌展现在他们面前，使欧洲人对东方产生了极大的憧憬。可以说，马可·波罗不单单是旅行家，还是促进东西方文化交流的先驱，他为中西交通的开拓和中意关系的友好做出了不可磨灭的贡献。

郭守敬修授时历

元世祖忽必烈即位以前，就重视吸收汉族的读书人，让他们帮助自己筹划朝政大事。他重用一个汉族谋士刘秉忠。忽必烈称帝和定国号为元，都是刘秉忠的主意。后来，刘秉忠又向忽必烈荐引了一些朋友、学生，他们也一个个担任了元朝初年的重要官员。其中有一个是元代著名科学家郭守敬。

郭守敬是邢州（今河北邢台）人。他祖父郭荣学识渊博，不但通晓经书，对数学、天文、水利等都有研究。郭守敬少年时候，在祖父的影响下，对科学产生了浓厚的兴趣。那时候，刘秉忠和他的朋友张文谦等正在邢州西南紫金山讲学，郭荣把他孙子送到刘秉忠那里学习。郭守敬在那里认识了许多爱好科学的朋友，学问增长得更快了。

忽必烈统一北方以后，为了发展农业生产，决定整治水利，征求这方面的人才。张文谦将郭守敬推荐给忽必烈，忽必烈很快就在开平（今内蒙古自治区正蓝旗东）召见郭守敬。郭守敬对北方水利情况十分熟悉，当时就提出六条整治水利的措施。忽必烈听了十分满意，每听完一条，就点头赞许。最后，他很感慨地说："让这样的人去办事，才不会是摆空架子吃闲饭的。"接见以后，就派郭守敬担任提举各路河渠的职务，经办河道水利的事。

过了两年，郭守敬又被派到西夏一带去整治水利。那里经过多年战乱，河道淤塞，土地荒芜，生产遭到严重破坏。郭守敬到了西夏，经过详细勘察以后，发动民工疏浚了一批原有的渠道、水坝，还开挖了一些新河道。不出一年时间，这一带九百多万亩的农田灌溉畅达，粮食丰收，百姓生活也都改善了。

为了加强大都到江南的交通运输，忽必烈又派郭守敬去勘测水路交通情况。经过郭守敬的勘测、设计，不但修通了原来的运河，还新开凿了一条从大都到通州的通惠河，这样，从江南到大都的水路运输，就畅通无阻了。

元世祖灭南宋以后，更加重视农业生产的恢复。农业生产要利用历法。过去，蒙古一直使用金朝颁布的历法，这种历法误差很大，连农业上常常使用的节气也算不准。元朝征服江南以后，南方用的又是另一种历法，南北历法不一样，更容易造成紊乱。元世祖决定统一制定一个新历法。他下令成立了一个编订历法的机构，名叫太史局（后来叫太史院）。负责太史局的是郭守敬的同学王恂。郭守敬因为精通天文、历法，也被朝廷从水利部门调到太史局，和王恂一起主办改历工作。

修订历法工作一开始，郭守敬就提出：研究历法先要重视观测，而观测必须依靠仪表。原来从开封运来的有一架观察天象的大型浑天仪，已经陈旧不堪，得不到可靠的数据。郭守敬便设计了一套新的仪器。他觉得原来的浑天仪结构复杂，使用不方便，就创制了一种结构比较简单、刻度精密的简仪。他制作的仪器，精巧和准确程度都比旧的仪器高得多。有了好的仪器，还要进行精确的实地观测。1279 年，郭守敬在向元世祖报告的时候，提出在太史院里建造一座新的司天台，同时，在全国范围进行大规模的天文测量的打算。这个大型的计划马上得到元世祖批准。

经过王恂、郭守敬等一起研究，在全国各地设立了 27 个测点。最北的测点是铁勒（在今西伯利亚的叶尼塞河流域），最南的测点在南海（在今西沙群岛上），选派了 14 个监侯官员分别到各地进行观测。郭守敬也亲自带人到几个重要的观测点去观测。各地的观测点把观测的数据全部汇总到太史局。郭守敬根据大量数据，花了两年时间，编出了一部新的历法，叫《授时历》。这种新历法，比旧历法精确得多。它算出一年有 365.2425 天，同地球绕太阳一周的时间，只相差 26 秒。这部历法同现在通行的格里历（公历）一年的周期相同。而且郭守敬的《授时历》比欧洲人确立公历的时间要早 302 年。

元曲的繁荣

元曲是元代文学的代表。它是元代封建城市经济繁荣发达、社会矛盾尖锐复杂的产物，也是我国历史上各种表演艺术，主要是歌舞艺术、讲唱技艺、滑稽戏等长期发展互相融合的结果。

元曲包括散曲和杂剧。散曲是一种由诗词变化发展而来的新诗体；杂剧是一种包括歌唱、音乐、舞蹈和完整故事情节的歌剧。通常所说的元曲，主要是指杂剧。

我国唐朝时已经有了戏剧的雏形。到了宋、金时期又有了进一步发展，宋代的一些城市里已经有许多民间艺人在戏院里进行说唱表演。宋金时期盛行一种"诸宫调"，就是有说有唱而以唱为主的演出形式，唱的部分是把多种宫调连缀在一起。元杂剧就是在这一基础上发展起来的。

元杂剧把歌曲、宾白、舞蹈动作结合在一起，是一种综合性的戏剧艺术。歌曲按一定的宫调和曲牌歌唱，是按规定韵律、富有抒情性的新诗体；宾白包括人物的对白、独白，一般都用当时通俗的口语；动作叫"科"，是角色的动作表情。曲词一般由一个演员（男的称"正末"，女的称"正旦"）演唱，通过它抒发主人公的心情，表现主人公的思想性格，描绘环境，渲染气氛。反面人物和次要人物靠简短的宾白来勾画面目。元杂剧大部分有四折（一折等于后来的一出），或加一楔子（戏曲、小说的引子），演完一个完整的故事。元杂剧的作者大部分是下层知识分子，元朝前期没有科举制度，他们失去了通过科举当官的希望，就从事话本、诸宫调（中国北宋、金、元时期的一种大型说唱文学，是在变文和教坊大曲、杂曲的基础上发展而来的，因集若干套不同宫调的曲子轮递歌唱而得名）、杂剧的创作和演出。因为他们组织创作的专业团体叫"书会"，这些剧作家也就被称为"书会才人"。由于他们社会地位较低，又生活于城市市民中，所以作品充满了生活气息，为广大市民所欢迎。

　　元杂剧分前后两期。前期从 13 世纪 50 年代到 14 世纪初，这是元杂剧的鼎盛时期。关汉卿、王实甫、白朴、马致远、康进之、高文秀等，都是这一时期的剧作家。当时杂剧的中心在大都，这些作家都是北方人，主要是大都人。14 世纪初以后，戏剧中心南移到杭州，后期的杂剧作家有郑光祖、乔吉、宫天挺、秦简夫等，他们大部分是南方或寄居于南方的作家。元代后期的杂剧不像前期那样富有现实主义，比较追求曲词的典雅工巧。据记载，元代一共创作了杂剧五百多本，现在保存下来的有一百三十六本。见于记载的剧作家有二百多人，最著名的有关汉卿、马致远、王实甫、白朴、郑光祖等。关、马、郑、白被誉为"元曲四大家"。

　　关汉卿，号已斋叟，大都人，大约生于 13 世纪 20 年代，死于

13 世纪末。他是大都创作剧本和唱本的团体——"玉京书会"里最优秀的元曲作家。由于长期与市民接触，对社会现状很了解，因而他的作品具有深刻的现实主义内容。他不仅是一位多才多艺的作家，而且会下棋、踢球、歌舞、演戏、吹弹、作诗。与艺人往来密切，常常与著名艺人朱帘秀一起粉墨登场。关汉卿共创作了六十三个杂剧，现在保存完全的只有十二个剧本。悲剧《窦娥冤》是他最出色的代表作。

《窦娥冤》实际上是当时社会黑暗面的写照。故事情节大体是这样的：窦娥七岁时，因父亲窦天章欠高利贷无法偿还，被卖给蔡婆婆家做童养媳。不料窦娥的丈夫早死，她就守了寡。一天，蔡婆婆出外讨账，遇赛卢医谋财害命，张驴儿和他的父亲救了她。张氏父子乘机要强娶她婆媳俩。张驴儿见窦娥不愿，就想药死蔡婆婆来威胁她，不料竟药死了自己贪嘴的父亲。这时张驴儿反咬一口，把窦娥扭送公堂，昏庸的官吏把窦娥判定死罪定斩。窦娥含冤屈死，托梦给做了官的父亲，终于平了冤狱，惩治了恶棍。剧中窦娥喊出的"衙门从古向南开，就中无个不冤哉"，就是对当时封建统治的强烈抗议。但是，窦娥的昭雪沉冤都是靠她死后的幽灵和她做官的父亲来实现的。《窦娥冤》作为我国的优秀古典作品，早在一百年前就被译成法文传播到欧洲各国。关汉卿的许多作品还流传到日本。

王实甫也是大都人。《西厢记》是王实甫的代表作。这是一部描写张生和崔莺莺恋爱故事的戏剧。作者歌颂了这一对青年男女为争取婚姻自主，冲破封建礼教束缚的斗争精神，无情地揭露和抨击了封建伦理道德的虚伪性。《西厢记》是一部对后世文学有很大影响的优秀作品。

白朴是隩州（今山西河曲附近）人。他的作品以爱情喜剧《墙头马上》最著名。它和《西厢记》相似，也是歌颂男女自由恋爱、反对封建礼教的。戏中的主人公李千金敢于和她公公做斗争，最后终于和裴少俊重做夫妇。

郑光祖是元代后期的杂剧作家，平阳襄陵（今山西临汾西南）人。他的代表作是根据唐人传奇《离魂记》改编的《倩女离魂》。剧本通过张倩女灵魂出窍追随王文举进京的浪漫主义情节，突出地表现了在封建压抑下青年妇女追求爱情婚姻自由的强烈愿望。张倩女既有崔莺莺的温柔深情，又有李千金的勇敢坚定，是独具特色的。这个剧本和关汉卿的《拜月亭》、王实甫的《西厢记》、白朴的《墙头马上》一样，都是元代著名的爱情剧。

元杂剧中以水浒英雄故事为题材的作品，至少有三十三部，今天流传下来的有十部。这些水浒杂剧的思想内容，大都是描写水浒英雄凌强扶弱、除暴安民的英勇事迹，歌颂他们主持正义，"替天行道"，为民除害的侠义行为。康进之的《李逵负荆》，以民间流传的故事为素材，描写了李逵主持正义、不怕官府和地痞流氓的英雄本质。又刻画了他粗中有细、知过必改的性格。故事情节曲折，有着自己显著的艺术特色。

元代的散曲包括小令和套数两种。小令主要是民间小典，也有的脱胎于诗词；套数是合一个宫调中的几个曲子而连成的。散曲形式简单，坦率真挚，清新活泼，为一般市民所喜爱。由于散曲有广泛的群众基础，因此常常成为群众暴露社会现实、议论时事的一种好形式。元代的散曲作家，见于记载的有一百多人。前期有关汉卿、马致远等；后期有张养浩、户挚、王如卿等。

元曲四大家

　　元杂剧产生于 13 世纪前半叶，是在宋杂剧和金院本的基础上发展起来的。它融合宋、金以来的音乐、说唱、舞蹈等艺术样式，并在唐、宋以来词曲和讲唱文学的基础上，产生的韵文和散文相结合的、结构完整的文学剧本。元杂剧以中国北方流行的曲调演唱，因此也称北曲或北杂剧。杂剧先在中国北方流行，元灭南宋（1279）以后，又逐渐流行到中国南方。此时，南方已有南戏流行，它是用南方语言和南方歌曲组成的一种民间戏曲。北杂剧流传到南方以后，南戏吸收其特点，逐渐成熟。但北曲杂剧仍占主导地位。元代是元杂剧的黄金时代，时人已把"大元乐府"和唐诗、宋词"共称"。这里所谓"大元乐府"兼指散曲和剧曲。后人则专把元杂剧和唐诗、宋词相提并论，并称为我国文学史上三座里程碑。

　　元杂剧分前后两期。前期从 13 世纪 50 年代到 14 世纪初，这是元杂剧的鼎盛时期。关汉卿、王实甫、白朴、马致远、康进之、高文秀等，都是这一时期的剧作家。当时杂剧的中心在大都，这些作家都是北方人，主要是大都人。14 世纪初以后，杂剧中心南移到杭州，后期的杂剧作家有郑光祖、乔吉、宫天挺、秦简夫等，他们大部分是南方或寄居于南方的作家。元代后期的杂剧不像前期那样富有现实特色，比较追求曲词的典雅工巧。据记载，元代一共创作了杂剧五百多本，现在保存下来的有一百三十六本。见于记载的剧作家有二百多人，最著名的有关汉卿、马致远、王实甫、白朴、郑光祖等。关、马、郑、白被誉为"元曲四大家"。

关汉卿号已斋，汉卿可能是他的字，大约生于 13 世纪 20 年代，死于 13 世纪末。大都人。曾为太医院尹，一说是太医院户。《青楼集》称他为"金遗民，入元不仕"。关汉卿一生落拓（豪放）、不屑仕进，又多才艺，富于浪漫主义精神。关汉卿是元代的著名作家和元杂剧的奠基人之一，为元曲四大家之首，不仅在当时享有盛誉，也是至今世界公认的文化大师。著有杂剧六十余种，现存十八种，其中最著名的如《窦娥冤》《救风尘》等，为元杂剧划时代的伟大作品。

马致远（1250？—1324？）字千里，号东篱，大都（今北京）人。年轻时曾致力于功名，希望一展才华，实现政治抱负，可惜在仕途上不得意，不惑之年就离开官场，过着诗酒生活。马致远是元前期最有代表性的散曲作家。他还著有杂剧十三种，今存《汉宫秋》《荐福碑》《青衫泪》《岳阳楼》《黄粱梦》《任风子》《陈抟高卧》七种，有"马神仙"之称。

《秋思》是他的散曲代表作：

> 枯藤老树昏鸦，小桥流水人家。古道西风瘦马，夕阳西下，断肠人在天涯。

此曲虽然极短小，在同类题材中却被推为"秋思之祖"，可见其艺术成就非同一般。"断肠人在天涯"句极尽音调之哀，重在描写人的生存状态，以体现"秋思"的主题。

郑光祖，字德辉，生平事迹不详，所做杂剧有名目可考者十八种，现存八种，以《倩女离魂》最为著名。他的杂剧的主要特征是情致凄婉，词曲清丽。但是又贪于俳谐（诙谐戏谑。俳，pái）。他的《梦中作》描写梦中与所爱美人相会，醒来仍缠绵悱恻，无法忘怀的心绪。写男欢女爱之梦，以"歌罢钱塘，赋罢高唐"暗喻男女之欢，以清风送爽、月照纱窗暗喻事情之完成，完全采取虚写方法，直到梦醒后的余香淡妆才落笔实写，避免了俗与艳，显得清丽而典雅：

> 半窗幽梦微茫，歌罢钱塘，赋罢高唐。风入罗帏，爽入疏棂（líng，旧式房屋的窗格），月照纱窗。缥缈见梨花淡妆，依稀闻兰麝余香。唤起思量，待不思量，怎不思量？

白朴（1226—1285?）原名恒，字仁甫，后改字太素，号兰谷先生。蒙古军大举进攻南京（今开封市）时，白朴失去了母亲，父亲在外，由元好问抚养教育。父亲找到他后，共同居住在滹（hū）阳，从事词曲创作。曾北上燕京，南游杭州、扬州等地，徙居金陵。白朴是元代"四大曲家"之一，所著十六种，杂剧中仅存《梧桐雨》《墙头马上》《东墙记》三种，其中《梧桐雨》被誉为"千古绝品"。其风格淡雅庄重，凄凉沉痛。

他的散曲《天净沙》分别写春、夏、秋、冬四季的自然风光，一反春愁、夏苦、秋悲、冬寂的传统模式，分别开创新的美好意境，体现出作者对生活的热爱和艺术上的独特追求。其中《秋》有着特别的韵味：

> 孤村落日残霞，轻烟老树寒鸦，一点飞鸿影下。青山绿水，白草红叶黄花。

黄道婆

黄道婆（1245—1330）是我国历史上一位杰出的棉纺织家，对我国棉纺织手工业的发展，做出了很大的贡献。

黄道婆又名黄婆、黄母，出生于松江乌泥泾（今上海市徐汇区华泾镇）一个贫苦的劳动人民家庭。她从小就被卖到人家当童养媳，备受压迫和歧视，白天下田耕作，晚间纺纱织布，因不堪凌虐，黄道婆最终逃出乌泥泾，只身上了一艘即将远航的海船，随船漂流到遥远的海南岛南端的崖州。

我国的纺织业有悠久的历史。但在北宋及其以前，所说的纺织主要是指丝麻纺织。棉纺织只分布在新疆、云南、闽广等地区。到了南宋，由于社会经济的不断发展和国内、国际贸易的日渐繁盛，各地种植的棉花逐渐地多起来。随着棉花种植地区的扩大，棉纺织手工业有了很快的发展。

当时的海南岛是我国主要植棉地区之一。据南宋赵汝适在他所著的《诸藩志》一书里说，我国海南岛黎族"妇人不事蚕桑，唯织吉贝花被、绳布、黎幕（黎族人所生产的一种可作幛幕的精致织品）"。吉贝就是棉花。黎族人民具有一定的织作技术水平，尤其是各种彩色的黎单（宽幅床单）、黎饰（宽幅幕布）和鞍搭（盖文书几案用），都非常精美。

黄道婆来到海南岛，朴实热情的黎族人民友好地接待了她，帮助她在当地安顿下来。她以道观为家，劳动、生活在黎族姐妹中，并学会了运用植棉工具和织崖州被的方法，成为一个技艺精湛的纺织能手。大约在1295—1296年间，她告别黎族人民，重返故乡，并把黎族的棉织技术带了回去。

黄道婆回乡之前，乌泥泾等江南地区的棉纺织业情况，据《辍耕录》载："初无踏车椎弓之制，率用手剖去籽，线弦竹弓置案间振掉成剂，厥（相当于"其"）功甚艰。"用手剥棉花籽，用线弦小弓弹棉花，可见技术和工具水平是很低的。黄道婆回乡之后，情况就变了。据《辍耕录》记载，黄道婆在吸取黎族人民的先进经验基础上，制造了新的植棉工具，确立了一套较完整的生产工序。最初黄道婆教人用铁杖擀，擀即是轧棉去籽。尽棉籽，革新了早先用手剥籽的笨重方法。

后来，黄道婆又根据黎族的踏车，创制出一种搅车。搅车就是用一根直径较小的铁轴，配合一根直径较大的木轴，二轴的速度不同，把籽棉喂入二轴之间，就能够"籽落于内，棉出于外"，大大提高了生产效率。王桢《农书》上说："凡木棉虽多，今用此法，即去籽得棉，不致积滞。""弹"即是弹棉花。黄道婆把原来尺余长，弹力轻弱的线弦小弓，改制成强而有力的绳弦大弓。把用手拨弹棉花，改为以槌击弦开棉。这既提高了棉花的弹松能力，更能除尽杂质，保证成纱质量，给纺纱织布创造了便利条件。"织"是织布。黄道婆把江南原有的纺织经验运用到棉织业中，并吸收黎族人民织"崖州被"的优良方法，与当地劳动妇女研究怎样"错纱配色"，怎样"综线（把纱线分缕交错以织成图案的一种方法）挈（qiè）花"，把棉织技术大大向前推进一步。

从此，乌泥泾人民能纺织出宽幅的被、褥及带、帨（shuì，佩巾）等产品，"其上折枝，团凤，棋局，字样，粲然若写"，"乌泥泾被"一时成为驰名全国的产品，深受人们喜爱。几年间，松江、上海、太仓和苏、杭等地，也"尽传其法"，而且产品远销北方，以至于有"松郡棉布，衣被天下"的说法。

人民十分崇敬黄道婆这位伟大的纺织技术革新家。她的贡献，对于提高当时松江一带的棉织技术起着非常重要的作用。她逝世的时候，当地人民怀着悲痛的心情把她安葬了。松江人民感念她的恩德，在顺帝至元二年（1336），为她立祠，岁时享祀。后因战乱，祠被毁。至正二十二年（1362），乡人张守中重建并请王逢作诗纪念。当地还传送着这样一首歌谣：

黄婆婆，黄婆婆，教我纱，教我布，两只筒子两匹布。

第八篇　明·清

〔明〕

朱元璋的崛起

朱元璋小名叫作重八，父亲叫朱五四，家住濠州钟离县（今安徽凤阳）太平乡孤庄村。朱元璋十七岁那年（1344），家乡发生了大旱灾，接着又是蝗灾和瘟疫。他的父母和大哥在半个月里相继死去，家里穷得办不了丧事，多亏好心的邻居帮助，朱元璋才流着泪埋葬了亲人。

家里除了几间破草房，再也没什么财产了，孤零零的朱元璋只能靠吃树皮、草根过日子。后来，他流落到皇觉寺，把头发剃掉当了和尚，混口饭吃。那年头，寺庙里的粮食也不多呀！朱元璋只好到处流浪，捧着一口破钵化缘。化缘实际上就是讨饭，在淮河中游一带游食了三年以后，他又回到皇觉寺。

朱元璋在这三年中结交了不少朋友，其中有许多人信奉白莲教和弥勒教，秘密地进行反对元朝的活动。朱元璋也受到了影响。回到皇觉寺后，有一天，他接到好朋友汤和的一封信，劝他去投奔郭子兴的起义军。开始的时候，他拿不定主意，后来有人发现了这封信，要告他和红巾军勾结，朱元璋被迫逃走。这年3月（1352），朱元璋成了郭子兴部下的一名红巾军士兵。

朱元璋这个人不但英勇善战，而且很会办事，深受郭子兴赏识。参军只两个月，郭子兴就把他提拔为自己的亲兵，还把义女马氏嫁给了他。第二年，又把朱元璋提升为镇抚，从这时候起，朱元璋开始发展自己的力量。

1353年，濠州突围后，朱元璋回到自己的家乡招兵买马，少年时代的伙伴徐达、无良、周德等纷纷投奔他，不到十天工夫，就招募了七百多人。这些人和后来投奔来的邓愈、常遇春、胡大海等，都成了朱元璋手下最得力的大将，为明朝的建立立下了汗马功劳。朱元璋还专门吸收了一些读书人，帮他出主意。定远有弟兄俩很有名气，哥哥叫冯国用，弟弟叫冯国胜，朱元璋就向他们请教打天下的道理。冯氏兄弟告诉朱元璋："金陵是历代帝王的都城，地理位置很重要。谁能先攻下这个地方，然后再派大将向四面征伐，收取民心，谁就能得天下。"朱元璋听了暗自点头，把这些道理都记在心里。那时候他只是一个给别人卖命的小军官，但已经有了攻占金陵、另打天下的打算。1354年，朱元璋吸取了定远的一批地主武装，队伍扩大到两三万人。

1355年6月，郭子兴病死了，韩林儿任命郭子兴的儿子郭天叙为都元帅，部将张天祐为右副元帅，朱元璋为左副元帅。这年9月，在攻打集庆的时候郭天叙、张天祐被元军杀害，这样一来，朱元璋当了都元帅，郭子兴的部队全部归他指挥。

当时江淮一带还有徐寿辉、张士诚、双刀赵和李扒头等好几支红巾军，大家都想扩大自己的地盘，增强自己的力量，因此有时也互相算计、互相争斗。朱元璋当了左副元帅后，想从和州渡江攻打采石、太平，然后进攻集庆。可是，到哪儿去找那么多的战船呢？正在这个时候，双刀赵和李扒头派人邀请朱元璋到巢湖商量两家合作的事情。朱元璋正要去赴宴，有人告诉他，说李扒头想在商谈过程中杀掉他吞并他的部众。于是朱元璋就推说病了，不能亲自参加商谈，反而邀请李扒头来赴宴。李扒头中计了，一到朱元璋的军营就被捆了起来，扔到水里淹死了。双刀赵听说了，赶紧逃奔到徐寿辉那里去了，他们经营了好几年的巢湖（位于今安徽省合肥市南部）水军也就归顺了朱元璋。朱元璋势力大增，把进军的矛头指向集庆。

从1355年7月开始，朱元璋向集庆发动了三次进攻，前两次因为有个叫陈野先的大将暗地里和元朝守军勾结捣乱，攻城失败了，红巾军损失了不少将士，特别是在第二次攻城时，红巾军的都元帅郭天叙和右副元帅张天祐也被杀害了。

1356年3月，朱元璋进行了充分的准备之后，亲自指挥攻城。起义军水陆大军几十万人云集集庆，浩浩荡荡，旌旗招展，气势非常壮观。那个叛将陈野先的儿子陈兆先被打得落花流水，吓得元朝守将福寿紧闭城门，不敢出战。最后，起义军攻破集庆，福寿来不及逃跑，被乱刀砍死。

朱元璋进入集庆，马上召集城里的父老们宣布："元朝政治腐败，让大家吃尽了苦头。我攻下集庆，是为大家除奸平乱的，大家安居乐业就是了，不用怀疑，也不用害怕。愿意跟我建功立业的贤人君子，我会以礼任用的；从今以后，官吏不许欺压百姓，一经发现，绝不宽容。"百姓们都很高兴，很快就恢复了安宁。接着，朱元璋把集庆改为应天府（今南京），表示他的起义是顺应上天的旨意发动起来的，即"上应天命"。

朱元璋是个很有谋略的政治家，善于利用别人来保护和发展自己。当北方刘福通的力量很强时，他接受了韩林儿的任命，承认宋政权的龙凤年号，处处打着宋政权的旗号办事，因此，受到刘福通红巾军的保护；同时却又保持着自己队伍的独立性，不受别人指挥、支配。刘福通大举北伐的时候，朱元璋抓住时机攻占了集庆，以这里为中心建立自己的根据地。在以后的三年里，他又逐步占领了常州、宁国（今宣城）、扬州、处州（今浙江省丽水市）等地，势力遍及江淮，到后来，连退守安丰的刘福通和韩林儿也不得不向朱元璋求助了。

胡惟庸之狱

明太祖是农家出身，对农民生活多少有点了解。他即位以后，也注意实行休养生息的政策。他告诫地方官员说："现在天下刚刚安定，百姓财力困乏，好像初飞的鸟，不能拔它的毛；像新种的树，不能摇它的根。"他要官员们廉洁守法，不能贪赃枉法，加重人民负担。以后，他又召集流亡农民，开垦荒地，免除三年的劳役和赋税；要各地驻军屯田垦荒，做到粮食自给。他还兴修水利，奖励植棉种麻。所以，明朝初期的农业生产有了明显的发展。新建立的明王朝统治也巩固下来。

但是明太祖总不放心那些帮助他开国的功臣。他设立了一个叫作"锦衣卫"的特务机构，专门监视、侦察大臣的活动。大臣在外面或者家里有什么动静，他都打听得一清二楚。谁被发现有什么嫌疑，就有被关进牢狱甚至杀头的危险。

明太祖对待官员极其严酷，大臣上朝的时候惹他发了火，就在朝廷上被按在地上打板子，叫作"廷杖"，也有被当场打死的。这种做法弄得大臣们个个提心吊胆，每天上朝的时候，都愁眉苦脸地向家里亲人告别。如果这一天平安无事，回到家里，亲人就高高兴兴庆幸他又活了一天。

1380 年，丞相胡惟庸被告发叛国谋反，明太祖立刻把胡惟庸满门抄斩，还追究他的同党。这一追究，竟株连文武官员一万五千多人。明太祖一发狠心，把那些有胡党嫌疑的人全杀了。

学士宋濂，是明朝开国初期跟刘基一起受明太祖重用过的，后来，又当过太子的老师。宋濂为人谨慎小心，但是明太祖对他也不放心。有一次，宋濂在家里请几个朋友喝酒。第二天上朝，明太祖问他昨天喝过酒没有，请了哪些客人，备了哪些菜。宋濂一一照实回答。明太祖笑着说："你没欺骗我。"原来，那天宋濂在家请客的时候，明太祖已暗暗派人去监视了。后来，明太祖在朝廷上称赞宋濂说："宋濂伺候我十九年，从没说过一句谎言，也没说过别人一句坏话，真是个贤人啊！"宋濂六十八岁那年告老回乡，明太祖还送他一幅锦缎，说："留着它，再过三十二年，做件百岁衣吧！"

胡惟庸案件发生后，宋濂的孙子宋慎也被揭发是胡党，于是株连到宋濂。明太祖派锦衣卫把宋濂从金华老家抓到京城，要把他处死。

这件事让马皇后知道了。马皇后劝明太祖说："老百姓家为孩子请个老师，尚且恭恭敬敬，好来好去，何况是皇帝家的老师呢？再说，宋先生一向住在乡下，他孙子的事他怎么会知道？"

明太祖正在火头上，不肯饶恕宋濂。当天，马皇后陪明太祖吃饭。她呆呆地坐在桌边，不沾酒，也不吃肉。明太祖感到奇怪，问她是不是身子不舒服。马皇后难过地说："宋先生犯了死罪，我心里十分难受，在为宋先生祈福呢。"

马皇后是太祖共患难的妻子，明太祖平时对她比较尊重，听她这么一说，也有点感动，这才下令赦免宋濂死罪，改罚充军茂七十多岁的宋濂，禁不起这场惊吓，再加上路上劳累，没到茂州就死了。

过了十年，又有人告发李善长和胡惟庸往来密切，明知胡惟庸谋反也不检举揭发，采取观望态度，犯了大逆不道的罪。李善长是第一号开国功臣，又是明太祖的亲家。明太祖大封功臣的时候，曾经赐给李善长两道免死铁券。这一年，李善长已经七十七岁了，可是明太祖一翻脸，把李善长和他的全家七十几口全部处死。接着，又一次追查胡党。

自从胡惟庸案件发生以后，明太祖觉得把军政大权交给大臣不放心，就取消了丞相职位，由皇帝直接管辖吏部、户部、礼部、兵部、刑部、工部六个部的尚书；又把掌握军权的大都督府废了，改设左、右、中、前、后五个都督府，分别训练兵士，需要打仗的时候，由皇帝直接发布命令。这样一来，明朝皇帝的权力就大大集中了。

事情并没到这里结束。过了三年，锦衣卫又告发大将蓝玉谋反。明太祖杀了蓝玉，追查同谋，又有文武官员一万五千多人受株连被杀。

这两件大案，几乎把朝廷一些功臣一扫而空，明太祖的专制和残暴在历史上也就出了名。

大兴文字狱

明太祖朱元璋在坐稳皇位后，屡次大兴文字狱，许多读书人死于非命。文字狱属于诏狱的一种，它的特征是：罪状由当权人物对文字的歪曲解释而起，证据也由当权人物对文字的歪曲解释而成。一个字或一个句子，一旦被认为诽谤皇帝或讽刺政府，即构成刑责。文字的含义不在客观的意义，而在当权人物的主观解释。

朱元璋制造的一些文字狱，很典型地具有这些特征。如浙江府学教授林元亮、北平府学训导赵伯宁、福州府学训导林伯璟、桂林府学训导蒋质，都因他们执笔的表章中有歌颂皇帝为天下"作则"一类字样，被认为是影射他年轻时做过贼的往事。尉氏（河南尉氏）县学教授许元，在奏章上有"体乾法坤，藻饰太平"。这两句话是千年以前的古文，但朱元璋却解释说："法坤与'发髡'同音，发髡是剃光了头，讽刺我当过和尚。藻饰与'早失'同音，显然要我早失太平。"于是许元被处斩。杭州府学教授徐一夔的表文中有"光天之下""天生圣人"等语，朱元璋牵强附会，说文中的"光"指光头，"生"是"僧"的谐音，徐是在借进呈表文骂他当过和尚。德安府训导吴宪的表文中有"望拜青门"之语，朱认为，"青门"是指和尚庙。这些犯了忌讳的，都被"诛其身而没其家"，在朱元璋的淫威之下丧了命，这一批人都是地方学校教师，只不过代地方官员撰写奏章，竟招来杀身之祸。

更可笑的是，朱元璋还妄自尊大，自作聪明，结果不少读书人做了屈死鬼。有个叫卢熊的读书人，人品文品都很好，朱元璋委任他到山东兖州当知州。卢熊到兖州后要启用官印，发布文告。当他把皇帝授给他的官印取出一看傻了眼，原来，朱元璋笔下的诏书是授卢熊为山东衮州知州，这官印是根据皇帝的诏书刻制的，这兖（yǎn）州自然变成衮（gǔn）州了。可是山东历来只有兖州而没有衮州。卢熊是个搞学问的，办事认真，于是他就向皇上写了一份奏章，要求皇上更正，把官印重新刻制过来。朱元璋

一见奏章，知道是写错了，但是，就不认错，还大骂卢熊咬文嚼字，这兖和衮就是同一个字，卢熊竟敢将它念成"滚"州，这不是要朕滚蛋吗？即将卢熊斩首。

文字狱还不限于奏章。朱元璋崇信佛教，对印度高僧释来复最为礼敬。释来复告辞回国，行前写了一首谢恩诗，诗中有两句："殊域及自惭，无德颂陶唐（陶唐为古代传说中的圣主，后指称贤明的帝王）。"意思很明显，他生在异国（殊域），自惭不生在中国，觉得自己还没有资格歌颂大皇帝。但朱元璋的解释不同，他说："殊，明明指我'歹朱'。无德，明明指我没有品德。"于是朱元璋马上翻脸，转瞬之间，释来复从座上客变为阶下囚，人头落地。

朱元璋屡兴文字狱，手段极其残忍，而且非常的荒诞，这种荒诞的行为实有其深刻的用意：唯有这种不需要任何理由、无从辩解的杀戮，才能够立威，显示出皇权的绝对性，而对朝野造成巨大的威慑。把对权术的运用推到了极致。

如果说，宋代的文化专制已相当发展，那么至少士大夫的人格在表面上还是得到了尊重，所以他们能够以"气节"自励，维持求"道"为最终人生目标的理想品格。而朱元璋自其立国之初，就想从根本上打掉文人的自尊，塑造文人的奴性品格。

朱元璋憎恨读书人是有缘由的，当年朱元璋的死对头张士诚，一向对读书人不薄，养着一批文人，可这帮文人表面上对张士诚谦恭有礼，骨子里却根本看不起他。张士诚原名张九四，称王以后，觉着这名太俗气，想取个官名。他们便替他起了个官名叫士诚。后来有人查阅《孟子》一书，见上面有"士，诚小人也"一句，也可读作"士诚，小人也"。朱元璋听了这故事，回去一查《孟子》，果然如此，于是对读书人更为憎恨，从此以后他每次翻阅臣下所上的表笺，就留了个心眼儿，凡是里面有影射嫌疑的一律砍头。后来打击面越来越大，文章里有个词用得不妥也要被杀。著名诗人高启应苏州知府之请，为其新宅写了《上梁文》，结果因文中有"龙盘虎踞"一词被腰斩。状元出身的翰林院修撰张信是皇子们的教师，有一次他教皇子们写字，随手写了杜甫的一句诗"舍下笋穿壁"作为临摹帖，碰巧给前来巡视的朱元璋看见了，认定张信是借古讽今，嫌朝廷寒酸，怒骂道："堂堂天朝，讥诮如此！"随即下令将张信腰斩。其实，这些文字是不是真有那么严重的鄙视的意思，朱元璋心里也没底，但他总觉得所有文字的背后都有可能暗藏着数不清的挖苦、揶揄和讥讽。确有其事的，杀了活该；被冤杀的，权当是一种震慑吧。

朱元璋深以他的平民出身为耻，深以他当过乞丐和和尚为耻。他的暴戾、残忍是外表，内心实际上非常的自卑，或者说心灵极度的自卑外化为极度的自大、专横，在他充满自卑的情结中，异常羡慕官员和士大夫所拥有的优越地位，因而产生强烈压制别人的暴虐意念，以求自己心理平衡。

朱元璋在心理上存在着严重的障碍，他的人格分裂，这当然只是后人的猜测。但他在行为上表现出来的冷酷，喜欢看别人流血、看别人痛苦、看别人跪下来向他哀求，而他又拒绝宽恕。连他的嫡长子皇太子朱标和皇太孙朱允炆的劝谏都不听，这也是事实。这种品质如果存在于普通人身上，他身边的家人、同事和朋友有可能受到伤害，但是会受到各方面的制约，危害的程度不会很大。身为皇帝而具有这种品质，会使危害扩大，很难对其控制。

建文削藩

朱元璋通过一系列政治改革，把军政大权牢牢掌握在皇帝一人手中，但他还是不放心，总觉得这些将官毕竟不是我朱家皇室的人，未必全靠得住。宋、元两代皇室孤立，宗室衰弱，朝廷一旦有事，宗室无力支援。这一历史教训，他是牢记心上的。为了朱明王朝能够千秋万代传下去，他决定分封诸王，屏藩王室。洪武三年（1370）、十一年（1378）、二十四年（1391），他先后三次把自己的亲儿都封为亲王。洪武十一年正式定都于南京之后，这时诸王子已逐渐长大成人，因此，从这一年开始，各亲王就陆续被派到自己的封国去。

诸王在自己的封地建立王府，设置官属，地位极高。公侯大臣进见亲王都要俯首拜谒，不得钧礼（待以平等之礼）。不过有一条限制，即诸王不得干预地方民政，王府之外，归各级地方官吏治理，亲王无权过问。诸王的唯一特权是军事指挥权。每个王府都设有亲王护卫指挥使司，护卫甲士少者三千人，多者至一万九千人。但在长城线上要塞的亲王则不在此限，如宁王（驻今内蒙古自治区宁城县）所部甲士八万人，战车六千辆。《皇明祖训》规定：亲王护卫兵归亲王直接调遣指挥；遇有急事，亲王封区内的卫所守镇兵也一并归亲王指挥。《祖训》又规定：朝廷要调兵，必须同时发盖有皇帝御宝的文书给亲王和守镇军官，亲王接到御宝文书后再发令旨给守镇军官，而守镇军官必须既接到御宝文书，又接到亲王令旨，方许出兵。这一规定使亲王成为地方守军的监视人，是皇帝在地方的军权代表。朱元璋以为把军权托付给自己的亲骨肉，就万无一失了，而且亲王有自己的护卫军。一旦地方生变，可以当机立断，单独应战；京师危急，可以起兵勤王，达到屏藩皇室，翼卫朝廷的目的。

　　朱元璋共有二十六个儿子，除长子朱标立为太子，第九子和第二十六子早死外，其余二十三个儿子都被封为亲王，分驻在全国各战略要地，封国星罗棋布。这些封藩大致可分为两类：一是在边塞，一是在内地。在边塞的如西安的秦王，太原的晋王，北平的燕王，大同的代王等；在内地的如开封的周王，武昌的楚王，长沙的潭王，青州（今山东益都）的齐王等。塞王除监视地方守军、镇压人民的反抗外，还负有防御蒙古贵族侵扰的任务。所以其护卫军特别多。晋、燕二王还曾多次受命带兵出塞征战和负责筑城、屯田等事，军中大将均受其节制。朱元璋还特许这两个亲王在军中小事立断，大事方报告朝廷。晋、燕二王的军权独重，立功也最多。

正当朱元璋大封藩王的时候，有一个叫叶居升的官员以星象来借题发挥，向朱元璋说："亲王的封国太大，甲兵卫士太多。军权过重，臣恐怕数世以后，尾大不掉，到时就不得不对他们行削地夺权。于是，很可能引起亲王怨恨，酿成像汉代的七王之乱、晋代的八王之乱。愿陛下趁诸王还未分赴封国之时，节其都邑之制，减其卫兵，限其疆里。"但是，朱元璋正在兴头上，听了异常恼火，把他抓进监牢，囚死在狱中。自此以后，百官噤若寒蝉（像深秋的蝉那样一声不吭，比喻因害怕有所顾虑而不敢说话），再也没人敢论封藩的事。矛盾的爆发来得比叶居升的估计还要快，并没有经过数世，而是在朱元璋死后就出了乱子。

洪武二十五年（1392），太子朱标病亡。朱元璋立太子的嫡子朱允炆（wén）为皇太孙。洪武三十一年（1398），朱元璋撒手抛离他紧紧握住的权柄，长辞人世。皇太孙即帝位，以第二年为建文元年。朱允炆的性格酷肖其父，也是仁柔寡断。而当时的诸王都是他的叔父，几位年纪较大的塞王都是久经战阵，屡建奇功，他们手里又握有重兵，自然不把年轻、孱弱、没有经验的朱允炆放在眼里，违法之事不断出现。特别是朱元璋的第四子燕王朱棣，"智勇有大略"，蓄谋夺取中央政权，在王宫中私制兵器，偷印宝钞，招兵买马，搜罗异人术士，对中央政权造成赫赫威慑。建文帝见此情状，就和兵部尚书齐泰、太常寺卿黄子澄计谋，认为燕王蓄谋已久，仓促难图，决定先削废周、齐等王，剪除燕王的手足，然后再向燕王开刀。于是，从洪武三十一年八月至第二年六月，不到一年的时间里，先后削除了周、湘、齐、代、岷五个亲王的藩王爵位，废为庶人。除了湘王合室自焚外，其他四个或是幽禁，或迁往边远地区。

五位亲王被废，刺到了燕王的痛处，眼看就要轮到自己了，就在建文元年（1399）的七月，朱棣（dì）采取先发制人的手段，起兵反抗朝廷。

靖难之役

明太祖朱元璋知道江山得来不易，为了巩固政权，防止功臣功高震主，他把跟随自己出生入死的功臣基本上诛杀殆尽，还把自己的儿子分封到各地为王，想让他们共同辅佐皇帝，以保护君权。这些藩王的兵力强弱不一，其中最强的是靠近北部边塞的秦、燕、晋三王。而这三王之中，燕王朱棣更胜一筹，他甚至拥有统辖各镇兵马的权力。本来，朱元璋的出发点是好的，没想到适得其反，藩王势力越大，对君权的威胁也越大。

朱元璋驾崩后，皇长孙建文帝朱允炆登基，此时藩王的势力越发强大。建文帝感受到这些来自藩王的威胁，便与近臣黄子澄、齐泰商量削藩事宜。齐泰建议从燕王朱棣下手，因为他的兵力最强、野心最大。黄子澄对此坚决反对，他觉得这样风险太大，而且容易打草惊蛇，应该先除去燕王周围的藩王。建文帝采纳了黄子澄的建议，先后将周、岷、湘、齐、代五位藩王革职发配。这样一来，藩王中就只有燕王朱棣一枝独秀了。

建文元年（1399）夏，燕王朱棣首先采取了行动，他以进京保护皇帝、诛杀奸臣为名起兵，并且打出了"清君侧，靖（平定，使秩序安定）内难"的旗号，称自己的军队为"靖难军"。因此，历史上把这场战争称作"靖难之役"。

单从兵力上来讲，建文帝是占优势的，于是他想集中优势兵力，将燕王的军队在北平一举歼灭。可是，由于当初朱元璋对功臣宿将大肆杀戮，建文帝找不出一个像样的将领供自己差遣。无奈之下，建文帝只好起用老将耿炳文。耿炳文已年近古稀，根本抵挡不住燕王，燕王在很短时间内就攻克了居庸关、密云、遵化等地。

得知兵败的消息，再加上黄子澄的极力推荐，建文帝决定削去耿炳文的大将军之职，由李景隆对抗燕军。李景隆对打仗毫无经验，只知道贪功冒进，没几个月的时间，就连吃了几个败仗。

这场战争持续了三年之久，直到建文三年（1401），皇宫内的一个宦官将南京城的真实情况报告给燕王，原来南京城早已没有抵抗的能力，如果燕王发兵，轻而易举就可攻克。燕王当机立断，率军直取南京，燕军一路势如破竹，渡过长江后一举将南京城包围。僵持了没几天，南京城的将领见大势已去，就打开了城门投降，皇宫也因混乱而陷入一片火海之中。

燕王率军进城后，第一件事就是查找建文帝的下落，在皇宫废墟中，人们只找到了几具烧焦的尸体，无法辨认身份。燕王一边哭一边说："我只是想帮你除掉身边的奸臣，事情怎么会弄到这个地步啊！"然后下令，把这些尸体按照礼制下葬。

没多久，国内局面稳定下来，燕王登基为帝，年号永乐。燕王朱棣就是明成祖。

迁都北京

"靖难之役"后，有大臣对朱棣说："北平是圣上龙兴之地，山峦起伏，呈虎踞龙盘之势，可以用来控制四夷，平定天下，是帝王之都啊。"他建议迁都北平。北平是朱棣兴王之地，他在此经营三十多年，统治比较稳定。另外，北平处于北方农业区与牧区接壤处，交通便利，形势险要，是汉蒙各族贸易的中心以及北方政治与军事要地，定都于此不仅可抗击自北入侵的蒙古人，还可进一步控制东北地区，有利于维护全国统一。

永乐四年（1406），朱棣下诏兴建北平宫殿，次年正式开始修建北平城。朝廷调集了工匠三十万人，民夫近百万，云集北平。这个工程十分浩大，所有的建筑材料来自全国各地。其中木材来自湖广、江西、山西等省；汉白玉石料来自北平房山；五色虎皮石来自蓟县的盘山；花岗石采自曲阳县；宫殿内墁（màn，铺饰）地的方砖烧制在苏州；砌墙用砖是山东临清所烧；宫殿墙壁所用的红色颜料产自山东鲁山，加工在博山；室内墙壁上的杏黄色颜料则产自河北宣化的烟筒山。

为了方便南粮北运，1411年朱棣又命令工部尚书等官员主持疏通会通河，使得运河水量大大增加，接着又成功地整治运河淮南段。从此，运河的运输能力大为提高，漕运在南北运输中开始起主导作用，海运逐渐罢废。

1420年，建都的工程竣工。第二年，迁都的准备都已经做好，朱棣及文武百官正式迁都北平，并改北平为北京。新京城以皇宫为中心，以前门、午门、景山、钟楼为中轴线，官衙、民居、商铺分布四周，通衢（qú，大路，四通八达的道路）宽广，街巷整齐，气势雄伟，体现了中国传统的城市建筑思想，是建筑史上的杰作。

郑和下西洋

郑和（1371—1435），字三宝，是我国明代著名的航海家和外交家。

郑和本姓马，回族。其先世是西域人（元朝时称色目人），元代始迁居云南昆阳州（今云南普宁市）。因郑和出生在昆阳州宝山乡和代村，故名和，小字三宝。郑和的祖父和父亲都是虔诚的伊斯兰教徒，有着渊博的知识。这些给予郑和很大的影响。

郑和因在"靖难之役"的战争中"出入战阵"、多建奇功而被赐姓郑。不久，他又被提升为内宫监太监，管理营造宫室、陵墓、铜锡妆奁（lián，女子梳妆用的镜匣，泛指精巧的小匣子）、器具和冰窖等事。1404年，郑和在著名和尚道衍的影响下接受菩萨戒，成了佛门弟子，法名福善。佛教以佛、法、僧为三宝，故而人们又称郑和为"三宝太监"。

1405年，明成祖朱棣任命郑和为钦差总兵太监出使西洋，由此揭开了世界航海史上的伟大篇章。

明成祖这次派使臣出使西洋是以政治、经济为目的的。在这两个目的中，政治是主要的。郑和下西洋是一场政治意义比经济意义更大的活动。

1405年6月，三十四岁的郑和率领钦差正使太监七员，副使监丞十员、少监十员，官兵二万七千多人，分乘六十二艘宝船，从苏州刘家港出发，经长江进入东海，到福建暂停；待信风起，船队穿越台湾海峡进入南海，驶往西洋各国。

郑和下西洋所率领的船只，按其用途分别叫宝船、马船、粮船、坐船、战船五种。最大的宝船长四十四丈、宽十八丈，司载货千吨，乘数百人。最小战船长也有十八丈、宽六点八丈。这体现了明代时我国发达的造船技术。下西洋的船队满载着绸缎、绢丝、布匹、瓷器、书籍、金银、铁器等物品，浩浩荡荡地破浪前进。

郑和的第一次下西洋先后经历了占城（今越南南部）、爪哇、苏门答腊（今印度尼西亚）、南巫里（即蓝无里国，在今印度尼西亚苏门答腊岛西北角亚齐河下游哥打拉夜一带）、古里（今印度）、锡兰（今斯里卡）等国。于1407年，乘西南信风起返航，6月回到南京。郑和下西洋加强了中国和西洋各国间的友好关系，增进了各国人民间的友谊和了解。

第一次出使西洋以后，郑和又分别于1407年10月、1409年10月、1413年11月、1417年6月、1421年10月、1431年1月六次出使西洋各国。从1405年第一次出使到第七次结束的1433年，二十九年间郑和共七次率船队出使西洋。他率船队先后到达了占城、爪哇、真腊（今柬埔寨）、旧港（今印度尼西亚苏门答腊岛东北部）、暹罗（今泰国。暹，xiān）、古里（其境在今印度西南部喀拉拉邦的科泽科德一带）、满剌加（马六甲）、渤尼（加里曼丹）、阿鲁、柯枝（故地在今印度西南部的柯钦一带）、西洋琐里（今属印度）、锡兰、忽鲁漠斯（在今伊朗东南米纳布附近）、比剌（今属索马里）、木骨都束（在今非洲东岸索马里的摩加迪沙一带）、竹步（故地在今非洲索马里的朱巴河口一带）、榜葛剌（今孟加拉国）等三十多个国家和地区。

在所到之地，郑和与他的船队将中国人民的友好愿望带给亚非各国人民，同时也进行平等的贸易交往。随着贸易的往来，经济、文化和科学技术方面的交流更加增多。这些交流促进了彼此间社会政治、经济、文化的发展，也增进了互相之间的了解和友谊。郑和船队所到各地都受到了热情的欢迎，人们把他们看作是智慧和文明的化身、友谊的使者。在郑和访问之后，各国都先后派出使者来到中国访问、贸易。郑和不愧是我国历史上杰出的外交家。

郑和下西洋不仅是明代对外关系史上的一件大事，在世界航海史上也占有重要地位。意大利航海家哥伦布和葡萄牙航海家达伽马开辟新航路是在 15 世纪末和 16 世纪初，而郑和下西洋、横渡印度洋直抵东非海岸则是在 15 世纪初。郑和下西洋比哥伦布发现新大陆早八十七年，比第亚士发现好望角早八十三年，比达伽马到达印度早九十三年，比麦哲伦到菲律宾早一百一十六年。可以说郑和是历史上最早、最伟大、最有成就的航海家。中国人民创造的这一光辉业绩，使中华民族的声望远播于海外，曾激发起中国人民强烈的爱国热情和民族自豪感。

由后人所绘制的《郑和航海图》记载了郑和与他的船队所到的国家和城市所经历的航线，这是我国最早的一份远洋航海地图。陪同郑和出使的马欢、费信、巩珍等人所撰写的《瀛涯胜览》《星槎（chá）胜览》《西洋番国志》是研究 15 世纪西洋各国的重要文献资料。这些书对于中国人民认识海外亚非国家起了划时代的作用。

另外，郑和下西洋还多次到达台湾，加强了祖国大陆与台湾岛之间的密切联系。郑和下西洋将中国发达的农业和手工业，如先进的农具和农业技术，以及纺织、制瓷等工艺传播到各国。所以人们也称郑和下西洋开辟了第二条丝绸之路——海上丝绸之路。

但是我们也应指出，郑和下西洋的根本目的是为了满足明统治阶级奢侈生活的需求和巩固统治的需要。因此，随着明王朝国力的减弱，下西洋也就终止了。郑和下西洋的壮举是中华民族的骄傲，早在明代就以话本、戏剧、小说等形式在民间广为流传。西洋各国人民在郑和等人到过的地方建立许多纪念设施，如三宝井、三宝庙、三宝寺等，用来表达他们的崇敬和怀念之情。

1425 年，郑和受命为南京守备太监，统领下西洋官兵守备南京。1435 年，在完成最后一次出使使命两年以后，郑和在南京逝世，终年六十五岁。

正德皇帝的爱玩

明武宗朱厚照是明宪宗朱见深之孙、明孝宗朱祐樘（chēng）的长子，因其年号为正德，所以又称正德皇帝。朱厚照自幼聪慧过人，深得孝宗喜爱，他被立为太子时，只有两岁。在朱厚照众多的随侍中，有八个特别受宠信的太监，人称"八虎"。这些人以刘瑾为首，经常向年幼的太子朱厚照进献名珍奇玩，用来讨好他，以至于使他从小就不思学业，只知玩乐，都 15 岁了，斗大的字还认不到一升。

1505 年，朱厚照正式登基继承大统。登上皇帝宝座之后，朱厚照非但劣性未改，反而变本加厉，甚至效仿商人，在宫里开店铺，建立豹房供自己游戏取乐。豹房原是皇家用来豢养外国进贡的珍奇动物之地，坐落在皇宫西华门外的太液池南岸。在豹房原有的规模和基础上，朱厚照对其进行扩建和改造，并且移居于此，同时把从各地搜罗来的美女也都集中在这里。所以，豹房之中不仅有成群的虎豹，更有如云的美女，朱厚照乐在其中，不思朝政，等待批阅的奏章堆积如山。太监总管刘瑾总是趁皇帝玩兴正浓时，拿奏章给他看，朱厚照便不耐烦地让他去处理，刘瑾因此独揽朝中大权。

这种宫中玩乐的生活，逐渐使朱厚照感到厌倦，于是他开始微服出游，到各地寻欢作乐。正德九年（1514），在京城的一个教坊司中，出现了朱厚照的身影，这是他第一次微服出行，在史书上有明确的记载。正德十二年（1517），受佞臣江彬的挑唆，朱厚照想要出关到宣府游玩。因怕满朝文武反对，于是就偷偷地改换装束，雇车出宫连夜赶路。

次日，满朝文武大臣一直等到中午还不见皇上临朝，这才发现皇上不在宫中。以御史杨廷和为首的众大臣急忙追到居庸关，正好遇到因守关御史张钦阻拦而难以出关的朱厚照，众大臣一齐跪倒，叩请皇帝移驾回宫，朱厚照无奈，只好回宫。他回京之后，第一件要办的事就是调张钦离开居庸关，改换自己的亲信去守关。

朱厚照曾经有一段时间长期驻扎在宣府镇（位于今河北、山西一带），但又不答应文武百官离京随行。在此期间，他既不用皇帝玉玺，也不以皇帝名义发布诏令，而是启用将军印，自称为"总督军务威武大将军总兵官"。

1519年，宁王朱宸濠发动叛乱，朱厚照决定御驾亲征。其实，他离京次日，平叛将领王守仁就向朝廷密报了宁王已经被俘的消息。然而朱厚照却不肯就此罢休，依然率领征讨大军浩浩荡荡地向南京进发。比起荒僻寒冷的北方，美丽富饶的江南更让他留恋不已。朱厚照在南京居住了八个月之久，迟迟不肯回京。在他起驾回京的途中，有一天他在江上打鱼，不慎落入水中，差一点被淹死，因此身体日衰，回京不久就殡天了，结束了他荒唐的人生。

刘瑾弄权

明朝在遭受瓦剌部落攻击以后，就开始由鼎盛走向衰落。自明英宗开始，以后的明朝皇帝，大多昏庸无能，因此，朝纲不正，国力衰退，尤其是宦官专权，使朝政更加混乱。明宪宗即位以后，权力最大的宦官是汪直，他专干陷害忠臣的勾当，无数忠于朝廷的官员被他害死。到明武宗朱厚照继承皇位，宦官专权的局面更为严重。他最信任的宦官有八个，这些人整天陪着武宗玩球打猎，领头的叫刘瑾。由于皇帝的宠信，他们依官仗势，横行霸道，被人们统称为"八虎"。朝廷上下官员对他们深恶痛绝，劝武宗除掉"八虎"。这帮家伙得到消息后，就在武宗面前又哭又闹。武宗哪里还记得大臣的劝谏，不仅不杀这"八虎"，反而把刘瑾提升为司礼监，还把另外两只"虎"安排为东厂和西厂的提督。

刘瑾最会在武宗面前拍马逢迎。武宗整日风流快活，贪图享乐，刘瑾每天都为武宗选美寻欢，并且专门在武宗玩得最起劲的时候，捧一大沓奏章给武宗批阅。武宗总是责怪刘瑾，把奏章推给他，说："这些小事都要我亲自做，要你们干什么？"皇帝既然发话，刘瑾以后就不再把奏章送给武宗批阅了，传下的圣旨，实际上都是他的"圣旨"。刘瑾斗大字不识几筐，自己又不能亲自批奏章，便把奏章带回家让亲友代批。王公大臣们都知道再重要的奏章武宗也看不到。所以，每次奏什么事情，就把副本送给刘瑾，正本送给朝廷。当时人们讽刺地说："当朝有两个皇帝：一个坐皇帝，一个站皇帝。"

刘瑾也自知做的坏事太多，怕不能服众，派出大批特务刺探大臣们的行动，最后连东厂、西厂的特务本身也受到监视，因为他又另外设一个"内行厂"。这么多特务，整天抓人，凡是被他们抓去的，都被用酷刑整死了。刘瑾不仅残酷迫害无辜，还到处敲诈勒索。地方官员进京办事不送礼，刘瑾肯定不会饶了他。送少了还不行，一次至少两万两银子。有的官员进京带的银两不够，就被关进监狱。

1510 年，安化王朱寘鐇（zhì fán）谋反，明武宗派杨一清做宁夏、延绥（位于今陕西境内）总督，讨伐安化王，并派宦官张永做监军。杨一清曾在陕西做过都督，为巩固边防立过功，但由于他比较刚直，从不趋附刘瑾这样的权贵，被刘瑾视为眼中钉，遭到诬陷迫害。后经大臣们营救，他才免于一死，但仍落得个革职的下场。这回武宗要利用他平定安化王叛乱，才重新起用他。

这次杨一清、张永平叛，没费丝毫力气，他们刚到宁夏，杨一清原来的部将已平定叛乱，俘虏了反王朱寘鐇。杨一清、张永把朱寘鐇押到京城交给皇帝。杨一清知道张永是皇宫里的"八虎"之一，而且知道"八虎"间有矛盾，得势的刘瑾跟张永矛盾很深。这次杨一清要利用刘、张两人间的矛盾，借张永的口除掉刘瑾这个大奸贼。

一路上，杨一清故意说这次平定叛乱全仗张永的支持，把所有的功劳都归功于张永，张永听了非常高兴。然后杨一清秘密地跟张永说："平定一个藩王的叛乱不难，只是内部祸患不可测，令人忧虑。"张永听了吃了一惊，说："你是什么意思？什么内部祸患？"杨一清不好直说，就在手心里写了一个"瑾"字伸给张永看。张永一看心里有数，但马上又摇摇头说："不太好办，他每天都在皇上身边，别人接近不了他，而且他的耳目众多，有一点儿风声他就会知道的，铲除他谈何容易？"杨一清说："这不要紧，皇上不是也很信任你吗？这次平叛，你立了大功，皇上一定召见你，到时候你就向皇上奏明，说因为有刘瑾做内应，与朱寘鐇合谋，朱寘鐇才敢谋反的。这样，皇上肯定砍刘瑾的头。"张永拿不定主意，说："如果皇上不信呢？"杨一清说："如果皇上不信，你就痛哭流涕，甚至可以说以死担保，表现出你对皇上的一片忠诚，皇上是会信的。这事越快越好，迟则生变。"张永对刘瑾不满，一直只能放在心里，听杨一清这么说，心想，这次一定要向皇上奏他一本。

杨一清和张永把朱寘鐇押到北京，上报朝廷，武宗果然召见了张永。当天晚上，张永就按照杨一清说的，当武宗面揭发刘瑾与朱寘鐇串通谋反。武宗当即叫张永带领禁军去捉拿刘瑾。刘瑾正在家里睡大觉，张永没费吹灰之力就把他捉住，关进大牢。

把刘瑾抓来后，武宗又下令抄了他的家，共抄出黄金二十四万锭，银元宝五百万锭，珠宝玉器不计其数。竟然还从他家抄出龙袍玉带，盔甲武器，正好验证了张永的揭发，武宗非常震惊，立即将刘瑾处死。刘瑾被处死以后，朝廷内外无不拍手称快。杨一清用计，虽然杀了刘瑾，但明武宗的昏庸腐败却是无法扭转的。由于朝廷腐败，民不聊生，农民起义此起彼伏。

严嵩擅权

明代后期，皇帝昏庸无道，导致朝政腐败，宦官专权，奸臣把政；百姓生活暗无天日，朝中众臣噤若寒蝉。嘉靖时的严嵩是明代臭名昭著的奸相。

严嵩祖籍江西，他并没有什么真才实学，却极会阿谀奉承，巧言媚上。世宗朱厚熜（cōng）崇尚道教，不戴翼善冠（一种皇帝戴的乌纱折巾的帽子）而戴香叶巾冠，并将香叶巾冠赐给夏言和严嵩等大臣。夏言认为这种香叶巾只有皇帝才能戴，作为臣子不应戴，便一直没戴。而严嵩为讨皇帝喜欢，不仅头戴香叶巾冠，而且还特地用轻纱笼住以示郑重。因此，世宗皇帝就十分偏宠严嵩而厌嫌疏远了夏言。阴险的严嵩趁机在世宗面前谗言夏言傲慢犯上，世宗大怒，当即罢免了夏言的大学士职务，命严嵩补缺。

严嵩把持重权之后，便开始培植死党，安插亲信掌握机要部门。严嵩认的干儿子就有三十多个，义子赵文华任通政使，凡上疏奏章，必由赵文华将副本先送严嵩阅看，然后才向皇上奏明。吏部和兵部两个比较重要的机构也由严嵩的亲信万寀（kě）和方祥担任，时称严嵩的文武二管家。

由于严嵩的专权和贪奸，许多重要的军事情报不能及时传达到朝廷，削弱了明朝的边防力量。福建巡抚阮鹗与倭寇暗中勾结。案发后，阮鹗以重金贿赂严嵩，竟被免罪。相反，抗倭将领张经在浙江大败倭寇，俘斩倭寇两千人，但由于没有贿赂当时任东南督军的严嵩义子赵文华，竟被严嵩和赵文华以冒功罪陷害致死。抗倭名将俞大猷性情耿直，不会逢迎拍马，令严嵩十分恼怒，竟被严嵩找借口逮捕入狱。朝中许多官员爱惜俞大猷的将才，凑了三千两黄金贿赂严嵩，才保住俞大猷的性命，改为发配大同戍边。由于严嵩颠倒功罪，倒行逆施，东南海防军心涣散，纪律败坏，导致倭寇更加猖獗。

严嵩年老后，朝廷要事基本由其子严世蕃幕后策划，严世蕃精明能算，往往替严嵩出一些迎合皇帝心意的主意。因此，人们称严嵩父子为大丞相、小丞相。严嵩父子大肆搜刮民财，贪污受贿，侵占民产。严府巍峨壮丽，峻宇高墙，可以与皇宫相媲美，金银珠宝数不胜数。严世蕃曾自夸说："朝廷不如我富。"后来，严嵩事败被抄家时，抄出黄金三万余两，白银二百多万两，其他珍珠古玩价值数百万两，令世宗大为震惊。严嵩父子的生活相当奢侈糜烂。严世蕃妻妾成群，穿的都是绣有龙凤、佩有珠宝的华丽衣服，用的是象牙制成的床，围的是金丝帐；朝歌夜舞，荒淫无度。严世蕃以此为傲："朝廷不如我快乐！"

严嵩专横跋扈，激起了不少正直大臣的愤怒。那些大臣不惜牺牲生命，上书弹劾严嵩。其中最著名的是沈炼和杨继盛。

锦衣卫沈炼上书世宗，痛陈严嵩十大罪状。不久，沈炼就被贬到保安（今河北涿鹿）。到了保安，沈炼又扎了三个草人，标上"李林甫""秦桧""严嵩"三个人的名字，天天射箭泄恨。严嵩听说后大怒，立刻派人将沈炼杀死了。

兵部侍郎杨继盛上书，列举了严嵩的五奸、十大罪状。严嵩命锦衣卫将杨继盛抓入大牢。杨继盛的朋友买通狱吏，前来探视他。临走时，朋友取出一粒蛇胆说："众大臣知你下狱后必受酷刑，便出资购得蛇胆二枚，受刑不过时可吞下镇痛。"杨继盛笑着说："我敢弹劾严嵩，足见我胆胜过蛇胆，何须再服蛇胆？"杨继盛受刑后体无完肤，每到半夜疼痛难忍时，他便用破碗将臂上腐烂坏死的肉刮下去，直刮得肉尽骨现，就连嗜血成性的行刑吏也吓得双腿战栗不止。见杨继盛如此刚烈，严嵩便网罗罪名，将他处死。

严嵩父子的专权跋扈激起了朝廷官员和百姓的极大义愤。方士兰道行借扶乩（中国民间信仰的一种占卜方法，有人扮演被神明附身的角色，此人被称为"鸾生"，神明附身在鸾生身上，写出一些字迹，以传达神明的想法。乩，jī）向皇帝进谏处置严氏父子。嘉靖四十四年，恶贯满盈的严世蕃被斩首，临场市民无不拍手称快。过了两年，严嵩也在人们的唾骂声中死去，一代奸臣终于不再作威作福、祸国殃民了。

戚继光抗倭

明世宗的时候，有一批日本的海盗经常在我国东南沿海一带骚扰。他们和中国的土豪、奸商相互勾结，到处抢掠财物，杀害百姓，闹得沿海人心惶惶，不得安宁。历史上把这种海盗叫作"倭寇"。1553 年，在汉奸汪直、徐海的暗中勾结下，倭寇集结了几百艘海船，肆无忌惮地在浙江、江苏沿海一带登陆。他们后来又分成许多小股势力，抢掠了几十个城市。倭寇来势凶猛，沿海的官吏和兵士不敢抵抗，见了倭寇就狼狈奔逃。倭寇侵略掠夺越来越严重，使躲在深宫里的明世宗也不得不担心发愁了，他急忙下令叫严嵩想法子对付。严嵩的同党赵文华想出一个主意，说要解决倭寇侵犯的威胁，只需向东海跪拜祷告，求海神爷显灵保佑。明世宗居然相信赵文华的连篇鬼话，叫他马上到浙江去祷告海神，以求保佑。

后来，朝廷派熟悉沿海防务的老将俞大猷带兵去抵抗倭寇的入侵。俞大猷一到浙江，就接连打了几个胜仗。但是不久，浙江总督张经被赵文华横加陷害，俞大猷也被牵连，同他一起坐了牢。沿海的防务因此没人指挥，倭寇的活动又猖獗起来。

戚继光（1528—1587），字元敬，号南塘，山东蓬莱人，是我国历史上著名的民族英雄。他奉命来到浙江以后，先检阅那儿的军队，发现那些军队纪律松散，军心涣散，士气低落，根本不能够打仗，就决心另外招募新军。他一发出招兵命令，马上有一批吃够倭寇苦、受尽倭寇罪的农民、矿工自愿报名参军，还有一些愿意抗倭以保平安的地主武装也踊跃地参加进来。就这样，在几天之内，戚继光组织的新军很快就发展为四千人的队伍。

戚继光出生在一个武将世家，他的六世祖戚祥是明太祖朱元璋的部将，驰骋疆场近三十年，最后阵亡于云南。他的五世祖戚斌被授予明威将军，任登州卫指挥佥事，从此戚家数辈世袭此职。而身为神机营副将、颇具军事天才的父亲戚景通，对戚继光有很深的影响。戚继光十七岁时，父亲因病逝世，他便继承父业袭任父职。此时，一些

年长的亲友鼓励他习文，将来好封王晋位，以光宗耀祖。他却以"封侯非我意，但愿海波平"的诗句，表达出巩固海防，使沿海人民得以安宁的雄心壮志。他是个精通兵法的将领，他懂得兵士不经过严格训练是不能上阵打仗的。他根据南方沼泽地区的特点，精心研究阵法，亲自教兵士使用各种长短武器。经过他长期的严格训练，这支新军的战斗力特别强，无往而不胜，"戚家军"的名气就在远近传开了。

过了几年，倭寇又袭击台州（浙江省省辖地级市）一带，戚继光率领新军迅速赶到台州抗击倭寇。倭寇在哪里骚扰，他们就打到哪里。那些乱七八糟的海盗队伍，哪里是戚家军的对手，双方交战九次，戚家军一次次都取得了重大胜利。最后，倭寇在陆地上待不住，无路可退，被迫逃到海船上，戚继光又用大炮对他们进行猛烈轰击。倭寇的船起了火，大批倭兵被烧死或掉到海里淹死，留在岸上的也只得乖乖举手投降。浙江一带取得了一时的平安。

倭寇见到浙江防守严密，不敢再贸然骚扰侵犯。第二年，他们又跑到福建沿海一带进行骚扰。一路倭寇从温州往南，占据了宁德（隶属福建省）；另一路倭寇从广东往北，盘踞在牛田（一般指福建省福清市龙田镇）。两路敌人互相声援，声势很大。此时，福州的守将抵挡不了倭寇的进攻，多次向朝廷求援。朝廷又派戚继光带兵前去援救。戚继光带了新军赶到宁德，打听到敌人的巢穴在宁德城十里外的横屿岛。那儿四面是水，地形险要，易守难攻。倭寇在那儿扎了大营盘踞，当地明军也不敢上前去攻打他们。

在一个漆黑的夜晚，戚继光亲自调查了横屿岛的地形，知道那条水道既不宽，又不深，他心中便有了一个计策。在当天晚上潮落的时候，戚继光命令兵士每人随身带一捆干草，悄悄地来到了横屿对岸，又令士兵把干草全部扔在水里。几千捆干草扔在一起，居然在水面上铺出了一条路来。戚家军兵士踏着这条用干草铺成的路，神不知鬼不觉地插进倭寇大营。经过一场激烈战斗，盘踞在岛上的两千多倭寇全部被戚家军歼灭。

戚家军攻下横屿，立刻又大举进兵牛田。待大军到了牛田附近，戚继光为迷惑敌人，便假装传出命令，说："由于远路进军，人马疲劳，先就地休整，明日再说。"

这些话很快传到敌人那里。盘踞在牛田的倭寇竟然真的相信戚家军暂时停止进攻，防备也就松懈下来。他们哪里想到，就在当天晚上，戚继光下令向牛田突然发起总攻击。倭兵毫无准备，仓促应战，无奈禁不住戚家军猛攻猛冲，纷纷败退。倭寇头目率领残兵一直逃到兴化，戚家军又连夜跟踪追击，一连攻下敌人六十多个营寨，消灭了溃逃的敌人。等到天色发白的时候，戚家军浩浩荡荡地开进兴华城，城里的百姓这时才知道附近的倭寇已被戚家军彻底消灭。大家兴高采烈，纷纷杀牛带酒，到军营来慰劳戚家军将士。

第二年，倭寇又侵犯福建，攻下兴化。这时候，俞大猷已经出狱复职。朝廷派俞大猷为福建总兵，戚继光为副总兵。两个抗倭名将一起指挥军队，英勇作战，大败倭寇，收复兴化。1565年，俞、戚两军再次配合，大败倭寇，毙敌两万余人，取得了决定性的胜利。到这时候，在中国沿海一带横行几十年的倭寇被基本肃清了。

隆庆元年（1567），穆宗朱载垕（hòu）即位，礼部尚书、武英殿大学士张居正参赞军务。为加强北方边防，他奏请皇帝任命戚继光为京师神机营副将。转年夏天，戚继光又奉命总理蓟州、昌平、保定军务。万历十年（1582），张居正逝世，戚继光因受到过张居正赏识、朝廷重用，遭到反对派反对，被调去镇守广东。三年后，他告老还乡，回到山东蓬莱。万历十五年（1587）十二月二十八日，戚继光病逝。

海瑞罢官

严嵩掌权时，不仅他的自家亲戚，就连他手下的同党，也都是依仗权势作威作福之辈。上至朝廷大臣，下至地方官吏，谁敢不让着他们几分！可是在浙江淳安县里，有一个小小的县官却能够秉公办事，对严嵩的同党也不讲情面。他的名字叫海瑞。

海瑞（1514—1587），自号刚峰，生性峭直严厉，不肯阿上，又清苦自律，力摧豪强，厚抚穷弱，所以深受百姓拥护。固经常触忤当道，曾经三次丢官，一度入狱。他二十多岁中了举人后，被调到浙江淳安做知县。海瑞到了淳安，认真审理过去留下来的积案，不管什么疑难案件，到了海瑞手里，都一件件调查得水落石出，从不冤枉一个好人。当地百姓都称他是"海青天"。

有一次，京里派御史鄢懋（yān mào）卿到浙江视察。鄢懋卿是严嵩的干儿子，敲诈勒索的手段更阴险。他每到一个地方，地方官吏要是不"孝敬"他一笔大钱，他是绝不会放过的。各地官吏听到鄢懋卿要来视察的消息，都一筹莫展。可鄢懋卿却装出一副奉公守法的样子，他通知各地，说他向来喜欢简单朴素，不爱奉迎。

海瑞听说鄢懋卿要到淳安来，就给鄢懋卿送了一封信，信里说："我们接到通知，要我们招待从简。可是据我们得知，您每到一个地方都是花天酒地，大摆筵席。这就叫我们不好办啦！要按通知办事，怕怠慢了您；要是像别的地方一样大肆铺张，又怕违背您的意思。请问该怎么办才好？"

鄢懋卿看到这封揭他老底的信，气得咬牙切齿。但是他早听说海瑞是个铁面无私的硬汉，心里有点害怕，就临时改变主意，绕过淳安，到别处去了，鄢懋卿因此对海瑞怀恨在心。后来，他在明世宗面前狠狠地告了海瑞一状，海瑞被撤了淳安知县的职务。

严嵩倒台后，鄢懋卿也被充军到外地，海瑞恢复了官职，后来又被调到京城做官。那时候，明世宗已经有二十多年没有上朝了，他整天躲在宫里跟一些道士们鬼混，朝臣们谁也不敢说话。海瑞虽然官职不大，却大胆写一道奏章向明世宗劝谏，把明王朝的昏庸腐败现象痛痛快快地揭露了出来。

海瑞这道奏章在朝廷引起了一场轰动，更触怒了明世宗。明世宗看了奏章后，又气又恨，下令把海瑞抓了起来，交给锦衣卫严刑拷打。直到明世宗死了，海瑞才被释放出来。

神宗即位后，他任右佥都御史巡抚应天知府，打击豪强，平反冤狱，大修水利，推行一条鞭法，为民众做了很多好事，深受百姓爱戴。但海瑞不肯迎合上官，一贯恃才傲物的宰相张居正亦不免暗怀嫉恨，终于把海瑞第三次排挤出朝。

万历十三年（1585），海瑞在赋闲十六年后，以七十二岁的高龄被召为南京右都御史。他作风不改，依旧是一心为民，两袖清风。万历十五年（1587），海瑞病殁任上。海瑞去世后，身无分文，连为其办理丧事的钱也是大家捐集的。发丧时，农辍耕，商罢市，号哭相送数百里不绝。后来赐谥"忠介"。

张居正改革

明穆宗在位的时候，大学士张居正因为才能出众，得到穆宗的信任。1572年，穆宗死去，太子朱翊钧即位，就是明神宗。穆宗遗命张居正等三个大臣辅政。

明神宗即位后不久，张居正成了首辅。张居正根据穆宗的嘱托，真的像老师教学生一样，辅导年仅十岁的明神宗。他编了一本有图有文的历史故事书，叫作《帝鉴图说》，每天给神宗讲解。神宗看到这本书很高兴，兴致勃勃地听张居正讲解。有一次，张居正讲完汉文帝在细柳劳军的故事，就说："陛下应当注意武备。现在太平日子长了，武备越来越松弛，不能不注意啊。"明神宗连忙点头称是。

又有一次，张居正讲完宋仁宗不喜欢用珠玉装饰的故事。明神宗就说："对呀，做君王的应该把贤臣当作宝贝，珠玉有什么用呢？"

张居正见十岁的孩子能说出这样的话，很高兴地说："贤明的君主重视粮食，轻视珠玉。因为百姓靠粮食生活，珠玉这类东西饿了不能充饥，冷了不能御寒啊。"

张居正是明朝的一个能干的政治家，他掌握实权以后，就大刀阔斧地在军事、政治、经济等方面做了一番整顿。

那个时候，沿海的倭寇虽然已经解决，但北方的鞑靼贵族还不时侵入内地，成为明王朝的大威胁。张居正把抗倭名将戚继光调到北方，镇守蓟州，戚继光从山海关到居庸关的长城上修筑了三千多座堡垒。戚家军号令严明，武器精良，多次击败鞑靼的进攻。鞑靼首领俺答表示愿意和好，要求通商。张居正奏明朝廷，封俺答为顺义王，一面和鞑靼通商往来，一面在边境练兵屯田，加强防备。以后二三十年明朝和鞑靼之间也没有发生战争，北方各族人民的生活也安定多了。

当时，黄河年久失修，河水常常泛滥，大批农田被淹，影响农业和运输。张居正任命专治水利的潘季驯督修黄河水利工程。潘季驯修筑堤防，堵塞决口，使黄河不再泛滥，运输通畅，农业生产得到恢复和发展。

原来，由于朝政腐败，大地主兼并土地，逃避税收，一些豪强地主越来越富，国库却越来越穷。张居正下令丈量土地，经过清查，查处了一批被皇亲国戚、豪强地主隐瞒的土地，这样一来，使一些豪强地主受到抑制，国家的收入也增加了。

在丈量土地之后，张居正又把当时各种名目的赋税和劳役合并起来，折合银两征收，称为"一条鞭法"。经过这种税法改革，防止官吏营私舞弊，增加了国家的收入，也多少减轻了一点农民的负担。

张居正花了十年的努力，进行大胆改革，使十分腐败的明朝政治有了转机。国家的粮仓存量充足，足够支用十年。但是这些改革自然触犯了一些豪门贵族的利益，他们表面上不得不服从，背地里对张居正恨之入骨。

在张居正执政的第五年，他年老的父亲死在江陵老家，按照封建礼法，他必须离职守孝三年。但是张居正怕他一离开，正在进行的改革会受到影响。在明神宗和一些大臣的挽留下，他让他儿子去奔丧，自己则留在京城任职。这样一来，就有不少人抓住张居正父死不奔丧的事，大做文章，纷纷向明神宗上书弹劾，有人甚至在大街揭贴告白攻击张居正，闹得满城风雨。后来，明神宗不得不下令，再反对张居正留任的一律处死，攻击才平息下来。

张居正的权力实在太集中了，明神宗渐渐长大起来，反而闲得没事干，就有一批亲近的太监在内宫用各种办法给他取乐。有一次，神宗喝醉了酒，无缘无故把两个小太监打得半死。这件事让太后知道了，马上把明神宗找来，狠狠地责备一顿，还叫左右拿《汉书·霍光传》叫神宗读。西汉霍光辅政的时候，不是有个昌邑王刘贺即位后，被太后和霍光废掉了皇位吗？现在的张居正的地位就像当年的霍光一样，神宗想到这里，吓得浑身哆嗦，跪在太后面前求饶。

后来，张居正做主，把一些引诱神宗胡闹的太监全部赶走，太后还让张居正代神宗起草了罪己诏（皇帝责备自己的诏书）。这件事虽然过去了，但是明神宗对张居正，已经从惧怕发展到怀恨了。

1582年，张居正病死了。明神宗开始亲自执政。原来对张居正不满的大臣纷纷攻击张居正专横跋扈。第二年明神宗竟把张居正的官爵全部撤掉，后来还派人查抄了张居正的家。张居正的大儿子被拷打后自杀了，张家子孙十几人，也都被关在屋子里活活饿死了。张居正的改革措施，当然也遭到破坏，刚刚有一点转机的明朝政治又走了下坡路。

魏忠贤专权

明光宗死后，应当由他的长子朱由校即位。但这时，朱由校年龄尚小，光宗的宠妾李选侍与心腹宦官魏进忠（魏忠贤的原名）

便想乘机挟持皇太子把持朝政。为了控制朱由校，李选侍居然与他同住一室。

给事中杨涟、御史左光斗等人提出，李选侍既不是朱由校的生母，又不是养母，与太子同住一室有悖礼制，要她搬出去。朱由校照办了，并宣布正式即位。他就是明熹宗。

朱由校一当上皇帝，就赐予魏进忠世荫，不久，又任命他为司礼监秉笔太监，兼管东厂。

司礼监秉笔太监是个十分重要的职位，负责用笔记录下皇帝口述的命令，送内阁大臣们拟订方案，再送皇帝钦定。所以，魏进忠可以借此操纵国事，甚至可以假传圣旨欺上瞒下。东厂是皇帝的特务机关，权力很大，可以先斩后奏，捕杀任何大臣。这样，魏进忠几乎和皇帝一样，拥有了生杀予夺的权利。

这时，魏进忠把自己的名字改为魏忠贤。

魏忠贤把迎合自己的官员通通提拔起来，委以朝廷要职。这些官员有的替他出谋划策，有的专门干些见不得人的勾当。因此，无论是地方官员还是朝廷大臣，要想保住自己的官位，都要奉承巴结魏忠贤，否则，就会遭到他的算计。

魏忠贤出门时与皇帝的排场一样大，大家都把他当皇帝看待。有个官员为讨好魏忠贤，叫他"九千岁"，他很高兴，重赏了这个官员。从这以后，魏忠贤就堂而皇之地接受了"九千岁"的称号。

一些心术不正的官员争相拍魏忠贤的马屁。浙江巡抚潘汝桢为讨他欢心，请求为魏忠贤造生祠（旧时指为还活着的人修建的祠堂）。依照当时的规矩，生祠只有皇帝才可建造，可是，魏忠贤一点也不顾忌，还重赏了潘汝桢。各地的官员争相为他建造生祠，唯恐行动慢了，魏忠贤不高兴。开封造的生祠规模最大，拆除民房两千余间，比起皇宫毫不逊色。魏忠贤的像用稀有贵重的沉香木雕成，用金银珠宝做内脏，眼珠是核桃大小的夜明珠，价值连城。

朝廷中有正直的大臣认为造生祠不妥当，魏忠贤非但不听，还革了他们的职。明朝至此更加腐朽，很快走上了末路。

东林党争

东林党是由明代著名学者顾宪成创立的。1604 年，顾宪成被罢官。回到老家无锡后，他和弟弟修复了宋朝杨时讲学的东林书院，与好友高攀龙、钱一本等聚众讲学。

东林党人讽议时政，褒贬人物，自负气节，和朝中奸佞相对。他们的言论得到社会上对现实不满的地主、官僚、知识分子和商人的支持，朝中和他们同观点的官僚士大夫也与其遥相呼应，形成了当时具有相当影响力的政治团体。

东林党的领导人大多是在朝为官时，对奸臣权宦的劣行进行大胆弹劾或对皇帝进行直言劝谏的正直官员。

东林党人杨涟上书弹劾作恶多端、权倾朝野的魏忠贤，列举其二十四大罪状，如"自行拟旨，擅权乱政"、斥逐直臣、重用私党等，大胆揭发魏忠贤的奸恶，刺痛其要害，即使被罢官退居故乡时，也通过"清议（旧时指名流对当代政治或政治人物进行议论）"的方式，发表政治主张，议论朝政得失。

明神宗"好货成癖"，派出许多矿监、税监，到处搜刮财货，欺压百姓，为非作歹。曾经做过翰林院检讨官的姚希孟上奏疏说，由于朝廷的滥征滥派，使老百姓忍受着"竭泽而渔"的痛苦，如果不减轻人民的负担，势必要招致大水冲溃堤防一样的危险。东林党人李三才担任右佥都御史总督漕运、巡抚凤阳诸府期间，就曾揭发税监陈增的罪恶，裁减并抑制其爪牙，捕杀其党羽。他还不顾触犯龙颜之危险，上疏批评神宗说："陛下爱珠玉，百姓也想温饱；陛下爱子孙，百姓也恋妻儿。那为什么陛下你要拼命地聚敛财宝，而不让小民满足一升一斗之需要呢？为什么你要延福万年，而不让小民享受朝夕之乐呢？"他还要求神宗罢除天下税监，并指出不改的后果："一旦众叛土崩，小民皆为敌国，风驰尘骛，乱众麻起，陛下绝然独处，即使黄金盈籍，明珠填屋，谁为你守呢？"

这些正直官员大多因此而遭贬谪或罢官，但他们并没有放弃自己为国为民仗义执言的责任，他们聚在一起以"清议"的方式继续关心着时政。顾宪成说："在朝为官，志不在君父；在地方为官，志不在民生；闲居水边林下，志不在世道，这些都是君子所不能做的。"也就是他认为士大夫应该关心朝廷，关心民生，关心世道，这就是有名的"士林杨涟"。

东林党人清议朝政的行为激起了当朝权奸的憎恨，尤其是把持朝政的阉党头目魏忠贤的嫉恨。魏忠贤把东林党定为"逆党"，对东林党人进行残酷的迫害。

杨涟三入大牢被折磨致死，死时身上压着沉重的沙袋，两耳内被钉了大铁钉，体无完肤。东林党人左光斗被关入大牢后，他的学生史可法去探望他时，他遍体鳞伤，左腿腐烂得露出了骨头，脸被烧得面目全非，眼睑（jiǎn，眼皮）粘连。由此可见，魏忠贤等对东林党人的折磨是多么的残忍。

尽管东林党人不断受到残杀迫害，但他们的"清议"行为与斗争行为一直不屈不挠地进行着。直到明熹宗去世，明思宗即位，贬杀了魏忠贤后，东林党才被平反。

直到今天，人们看到东林书院"风声、雨声、读书声，声声入耳；家事、国事、天下事，事事关心"这副对联时，还能想象到几百年前，在这里，有一批有学识、有正义感的知识分子，不怕打击、不怕杀戮，为国为民慷慨激昂地抒发自己的报国之志、治国之策。

崇祯帝即位

皇帝是天下第一人，看起来口含天宪（比喻说话就是法律，可以决定人的生死），权力无边，但有时候也得忍耐。崇祯皇帝即位后，就不动声色地忍了很长时间。

崇祯帝朱由检是天启皇帝明熹宗的弟弟，哥哥做皇帝时他被封为信王，按祖制居留在外藩。这天启帝是个没读多少书的糊涂皇帝，在位七年最大的乐趣就是干木匠活，朝政委托伺候他长大的太监魏忠贤。魏忠贤最后权倾天下，称"九千岁"。天启帝虽然糊涂但性格厚道朴实，他特别喜欢自己的弟弟由检，因此魏忠贤数次想陷害信王时却投鼠忌器，这一点在帝王之家是少有的。

天启帝驾崩后没有子嗣，遗诏命信王进宫继承皇位。朱由检一则以喜，一则以惧，独身进宫，被魏忠贤这些太监环伺，名义上握有天下之权，实际上连自身的安全都未必有保障。刚刚进宫为天启帝守灵时，崇祯帝吃的是从家里带来的干粮，忍着渴不喝宫里的水，真是难为了这位十八岁的新皇帝。这番防备并非多虑，斧声烛影的宫廷变故史书上有的是。

当崇祯皇帝感觉到自己的人身安全基本有保障时，还是不敢得罪魏忠贤。魏忠贤投石问路，让另一个权监王体乾提出辞呈，崇祯帝好言挽留，稳住魏忠贤一派，可另一方面又慢慢地消除魏忠贤的爪牙和强援，并巧妙地向天下散布某种信息。比如他将魏忠贤的对食（太监和宫女结成非实质性的伴侣关系）、天启帝的乳母客氏遣送出宫，这个客氏是魏忠贤能掌握大权的关键人物；把上书主张将魏忠贤的名位移入国子监和孔子一起拜祭的两位监生逮捕。

这两位监生估计是读书读得一脑袋糨糊。一个大字不识的太监，竟然有那么多读书人给他建生祠，把他奉承为和孔子、周公一样的人物，本身就够无耻的了，无耻也罢了，不能无脑呀。新皇登基，必定会进行大规模的人事变动，才能真正坐稳龙椅，旧朝的宠臣继续被宠是概率非常小的事情，何况魏忠贤搞得天怒人怨！这时候还要拍魏公公的马屁，不是自找麻烦吗？

崇祯帝的这番行为，立刻让大臣们嗅出点什么，特别是当年被阉党迫害的东林党人残余以及他们的同情者。明朝的权争，基本上是在阉党和文官集团之间展开的，皇帝靠文官来治理天下，却靠阉党掌握特务、警卫人员，监视百官，二者之间的争斗是皇帝愿意看到的。但文官集团的道义资源比太监多得多，太监完全依附皇帝一个人，皇帝一旦死去几乎就是无皮之毛了。天启朝阉党虽然赢了东林党，但东林党却一直博得民间舆论的同情，这时候要清除阉党，这种舆论力量是很有用的。

魏忠贤此时只能步步败退，他能仰仗的技法就是"死人压活人"，因为他做的那些缺德事，都是打着先帝天启帝名义的，而天启帝待崇祯特别好，如果崇祯帝铲除魏党，平反错案就等于否定自己哥哥天启帝当年的施政，也等于说天启帝当年是个糊涂蛋。

魏忠贤不得已只能以退为进，提出辞职，崇祯帝顺水推舟答应了。这下魏氏弄巧成拙了，一旦没有职务，真是墙倒众人推，弹劾他的奏章雪片似的飞到崇祯帝的案上，几乎人人都想杀了他，崇祯帝利用舆论的力量趁热打铁将魏忠贤贬到凤阳替皇家看守祖陵，大势已去的魏忠贤在半路上自杀了。

魏忠贤死了，按理说完全可以把所有的坏事推到他身上。但他提拔的官员还把持朝廷要津，崇祯帝如果不把这场斗争引向深入，将魏党除根，他的权力布局意图是很难达到的。魏党余孽当然要反击，他们的招数不外乎还是拿先帝既定政策做幌子。

可是，这世上总是活人最终胜死人的，聪明人多得很，完全可以绕过先帝已经做出的决定，将先帝的灵位高高供起来，而把他生前的政策措施来个翻天覆地的大变化。

中国的封建传统政治中，新的权力布局、政治变革总是从平反冤狱开始的。此举既能打倒旧势力，又能收拾民心，争取舆论。

此时，翰林院的编修倪元璐向皇帝连上奏折，不但要求为东林党平反，而且要求捣毁《三朝要典》。尽管这招有风险，但倪元璐看出了皇帝的心思，他比那两个在魏忠贤快完蛋时还拍马屁的监生聪明多了。因为平反冤狱、新政实施不仅是人事上的变迁，还必须有理论上的突破，在古代就是"正名"。这《三朝要典》是天启朝在魏忠贤的主持下修订的国史，用现在的话来说就是对当时一些重大政治事件进行定性的"正名"之举。在"正名"的过程中，东林党人被当成奸邪之徒，魏党则是忠贞的国家柱石。当年修纂成功后，魏党也希望《三朝要典》成为永不翻案的东西，它一旦翻过来，魏党余孽就没有再在政治场上生存下去的正当理由了。

崇祯帝很聪明，面对因毁弃《要典》而可能有人质疑他辜负亡兄天启帝的信任，他说有了熹宗皇帝的实录，不必有《要典》，熹宗皇帝的光辉形象在实录中留给后人景仰。然后下旨说："从今以后，官方不要以天启朝东林党人事件来决定好坏丑恶的评价，天下的人才不要依照《三朝要典》来决定进退。"

理论上一旦有了突破，平反就顺风顺水了，魏党还留在朝廷的人很快就被清除了，崇祯帝大胜。也许是崇祯帝在当信王和即位之初时装孙子，憋了很久，一旦释放就控制不住了。魏党除掉后，崇祯很快就显露出他刚愎自用、狭隘多疑的本性，急躁冒进，闹得政局不可收拾，本想做中兴之君最终成了亡国之君。

崇祯帝即位后，先忍耐静观，再进行人事调动，然后解决掉魏党首要人物，最后凭借"正名"，以求根本消除魏党的残余影响，这是封建政治中最常见的套路了。

短暂的大顺国

明朝末期，政权落入阉党手里，到处充满了危机。在土地贫瘠的西北黄土高原，天灾频繁发生。天启、崇祯两朝，旱涝相继，飞蝗遍地，许多地方到了颗粒无收的地步。天启七年（1627），陕西澄城县知县张斗耀对一贫如洗的农民逼租催赋，激起民变，张斗耀被愤怒的农民杀死。次年，府谷县农民聚众起义，农民起义的星星之火，成燎原之势。米脂县的一个年轻的放羊娃也投入了农民起义军的队伍，他就是中国历史上著名的农民领袖李自成。

李自成出身贫苦，从小给地主放羊，后来成了一个驿卒。他善于骑射，在起义军中很快展现出自己的才能。但是不久，张存孟降明，李自成只好再投奔至高迎祥部下。高迎祥自称"闯王"，李自成被称为"闯将"。

崇祯九年（1636），高迎祥战死，众人共推李自成为领袖，称为"闯王"。在官军的围捕下，农民起义军主力之张献忠部接受了明朝的招抚，使李自成部陷入困境。崇祯十一年（1638），明军洪承畴在潼关南原围剿李自成军，经过一场殊死的决战，李自成部大多牺牲，仅李自成等十八人突出重围。崇祯皇帝以为农民起义军被扑灭，正在额手称庆（指把手放在额头上，表示感到庆幸），不料张献忠部于次年在谷城重新起兵，李自成在商洛山也重新打出了"闯王"大旗。

李自成由商洛山挥师河南，发展到几十万人。一个叫李岩的举人在这时候参加了李自成的队伍。针对当时土地高度集中和苛捐杂税十分严重的社会现实，李岩向李自成提出了"均田免粮"的纲领，为李自成所接受。

李自成治军严格，并且以身作则，他粗衣淡饭，不近酒色，在起义军中威信很高。崇祯十四年（1641），李自成率领起义军攻破洛阳。崇祯十五年（1642），李自成攻下湖北襄樊，次年在襄樊建立农民政权，李自成自称"新顺王"。崇祯十七年（1644），李自成宣布在西安建立"大顺国"，年号"永昌"。

当年，李自成亲率百万大军东渡黄河，占领太原后，兵分两路，直抵北京。三月十七日，李自成军进攻北京，十九日，崇祯帝在煤山上吊自杀，统治了中国二百七十六年的明王朝被推翻。

然而，进入北京的大顺官员和军队开始追求享乐生活，消磨了斗志。李自成手下的大将刘宗敏整天忙于敛财，并且霸占了吴三桂的爱妾陈圆圆。驻守山海关的明将吴三桂本来已经向李自成投降，闻知爱妾被刘宗敏霸占，大怒之下与清军勾结，向农民军发起进攻。李自成军失利，于四月二十六日撤退回北京，二十九日李自成匆匆即位，三十日从北京撤退。

两天后，多尔衮带领清军，大摇大摆地开进了北京城。顺治元年（1644）十月，多尔衮把福临由沈阳接到北京，定都北京，此时清朝建立，也就是中国历史上的最后一个封建王朝。

清军兵分两路追击大顺军，大顺军因未建立巩固的根据地，连连败退。清顺治二年（1645），李自成撤退至湖北通山县九宫山，在察看地形时，遭当地地主武装的突然袭击，李自成和手下的二十多人一起被杀。

努尔哈赤和后金的建立

明王朝政治越来越腐败，边防也越来越松弛，在我国东北地区的女真族的一支——建州女真（分布于今牡丹江、绥芬河及长白山一带）趁机扩大势力，开始强大起来，它的领袖是爱新觉罗·努尔哈赤。

努尔哈赤出身建州女真的贵族家庭，祖父觉昌安和父亲塔克世都是建州女真的贵族，被明朝封为建州左卫的官员。努尔哈赤从小就练习骑马射箭，练得一身好武艺。十岁那年，他母亲死去，他的继母待他不好。努尔哈赤不得不离开家庭，和当地的小伙伴一起，在茫茫林海里打猎、挖人参、采松子、拾蘑菇，然后把这些山货带到抚顺卖掉，挣钱过活。抚顺的集市很热闹，女真人常在

那里用山货跟汉人交换铁器、粮食、盐和纺织品。努尔哈赤在抚顺接触了很多汉人，学会了汉文，他还很喜欢读《三国演义》《水浒传》一类的小说。

建州女真有好几个部落，互相攻杀。明朝总兵李成梁利用建州各部的矛盾来加强统治。努尔哈赤二十五岁那年，建州女真部有个土伦城的城主尼堪外兰，带引明军攻打古勒寨城主阿台。阿台的妻子是觉昌安的孙女奴梦。觉昌安得到明军围攻古勒寨的消息，到城中营救孙女，其子塔克世进城寻找父亲，两人也被困城中。明军破城后，纵火烧房，觉昌安死于火焚，塔克世被官军误杀，父子均死于战祸。

努尔哈赤痛哭了一场，但是想到自己的力量太小，不敢得罪明军，就把一股怨恨全集中在尼堪外兰身上。他跑到明朝官吏那里说："杀我祖父、父亲的是尼堪外兰，只要你们把尼堪外兰交给我，我也就甘心了。"明朝官吏只把他祖父、父亲的遗体交还他，但不肯交出尼堪外兰。

努尔哈赤将他父亲留下的十三副盔甲，分发给他手下的兵士，并率兵向土伦城进攻。努尔哈赤英勇善战，尼堪外兰不是他的对手，狼狈逃走。努尔哈赤攻克了土伦城，继续追击，趁机又征服了建州女真的一些部落。尼堪外兰东奔西窜，最后逃到了鄂勒珲（今齐齐哈尔附近），请求明军保护。努尔哈赤也追到那里。明军看他不肯罢休，怕招致战争，就让努尔哈赤杀了尼堪外兰。

努尔哈赤灭了尼堪外兰，声势越来越大。过了几年，他统一了建州女真，这就引起女真族其他部的恐慌。当时的女真族，共有三部，除了建州女真之外，还有海西女真和"野人"女真。海西女真中叶赫部最强。1593年，叶赫部联合了女真、蒙古九个部落，结成联盟，合兵三万，分三路进攻努尔哈赤。

努尔哈赤听到九部联军来攻，事先做好迎战准备。他在敌军来的路上，埋伏了精兵；在路旁山岭边，安放了滚木石块，一切安排妥当，他就安安稳稳睡起觉来。他的妻子看了很着急，把他推醒，问他："九部兵来攻打，你怎么睡起觉来，难道你真的被吓糊涂了？"

努尔哈赤笑着说："如果我害怕，就是想睡也睡不着。"

第二天，建州派出的探子回报敌兵人数众多，将士们听了也有点害怕。努尔哈赤就解释说："别害怕，现在我们占据险要地形，敌兵虽然多，不过是乌合之众，一定互相观望。如果有哪一个领兵先攻打咱们，咱们就杀他一两个头目，不怕他们不退。"

九部联军到了古勒山（今辽宁新宾县上夹乡古楼村西北）下，建州兵在山上严阵以待，先派出一百骑兵挑战。叶赫部一个头目冲了过来，马被木桩绊倒，建州兵上去把他杀了，另一头目看到这情景也吓昏过去了。这样一来，九部联军没有统一指挥，四散逃窜，努尔哈赤乘胜追击，击败了叶赫部。几年过后，努尔哈赤基本上统一了女真族各部。

努尔哈赤在统一女真过程中，把女真人编为八个旗，旗既是一个行政单位，又是军事组织。每旗下面有许多牛录（满族的一种生产和军事合一的社会组织），一个牛录三百人，平时耕田打猎，战时打仗。这样既推动了生产，又加强了战斗力。为了麻痹明朝，他继续向明朝朝贡称臣，明朝廷认为努尔哈赤态度恭顺，封他为龙虎将军。他还多次到北京，亲自察看明朝政府的虚实。1616年，他认为时机已经成熟，就在八旗贵族的拥护下，在赫图阿拉（今辽宁新宾附近）即位称汗，国号大金。为了跟过去的金朝区别，历史上把它称为后金。

八旗制度

八旗制度是努尔哈赤在 1601 年创立的一种社会组织，到 1625 年，统一女真各部。为了适应对内的统治，努尔哈赤改进了兵民一体的社会组织形式，推行八旗制。按规定"凡隶属于旗者，皆可以为兵"。开始，设四旗，旗分黄、红、蓝、白四色。随着队伍的扩大，又增设四旗，将黄、白、蓝三色旗镶以红边，将红旗镶以白边，合为八旗。每三百人设牛录额真（佐领）一人。五牛录设甲喇额直（参领）一人。固山，满语"旗"的意思，所以八固山的制度，也叫八旗。固山额真为一旗中的最高长官，统率着一旗官兵。八旗各级首领都由贵族充任。旗中不仅有满人，而且也有蒙古族和汉族人。随着努尔哈赤统一事业的发展，蒙古族和汉族人数逐步增多。后来到皇太极时，又增加蒙古八旗和汉军八旗，其组织形式同满洲八旗是一致的，合起来为二十四个旗。

八旗制度初创时，兼有军事、行政、生产方面的职能。凡满族成员统编的八旗之中，平时生产，战时从征，故满人又称旗人。入关后，满族统治阶级以八旗制度作为统治工具，生产意义日趋缩小，而军事意义膨胀起来，最后伴随着清王朝的日益衰亡而瓦解。

皇太极继汗位

由于在宁远战役中受伤，努尔哈赤在 1626 年 8 月不治而亡。努尔哈赤死后，八旗并立，各有实力。其第八子皇太极势力最强，被拥立为汗，改元天聪。政权沿袭原来的原始军事民主制，由皇太极和其兄代善、阿敏、莽古尔泰四大贝勒共同主持军政大事。皇太极改易族名为满洲，并进行了一系列改革，削弱贝勒权力，改变四大贝勒共主国政的体制，每旗设旗务大臣，与诸贝勒偕坐，共议国政。此后，又剪除或削弱了其他三大贝勒，形成南面独尊的局面。

设立文馆及内三院。后金政权原以八旗制度行使国家权力，皇太极在削弱旗主权力的同时，仿照明朝的中央集权制，建立和完善国家机构。设内三院，负责草拟诏令敕谕，颁布制度政策，参与国家机务，使之具有内阁的职能；又以吏、户、礼、兵、刑、工六部及都察院、理藩院为八衙门，形成了一套较完整的中央集权的国家机构，取代了八旗贝勒理政的局面。

重用汉官、汉将及汉族文人。以高官厚禄招纳汉官汉将，并任以实权。实行开科取士，荐举贤才。从而增强了后金政权的实力，分化、削弱了明朝的大量人才。

设立汉军八旗、蒙古八旗，编制和满洲八旗相同，直接听命于汗，扩大了兵源，增强了战斗力。

重新编庄。满族占领辽沈地区，奴役汉民，引起反抗和大量逃亡。皇太极为了缓和矛盾，发展农业生产，将农庄重新编组。八名壮丁编为一庄，"汉人分屯别居，编为民户"。又清丈土地，编审壮丁，严禁隐匿，使大量土地改为屯地，许多壮丁成为国家控制下的民户。这些措施促进了从奴隶制向封建制的转化。

加强法制。制定各种法律，强调秉公执法、赏罚严明。

满族在军事上节节胜利，经济逐渐繁荣，政治日益安定。皇太极地位日尊，遂于天聪十年（1636），在盛京（今沈阳）称帝，改国号为"清"，改元崇德。

荷兰殖民者入侵台湾

从 16 世纪开始，随着资本主义的发展，西方殖民者相继东来，抢占殖民地，进行掠夺性的贸易，亚洲地区的东南海洋成了西方殖民者横行海上的"走廊"。宝岛台湾，由于其地理位置的重要，更引得西方殖民者尤其是荷兰人垂涎三尺。

明朝后期，正是欧洲一些国家资本原始积累时期，这些国家为了积累财富，实施殖民政策，把魔爪伸向亚洲、非洲各地，疯狂地进行抢劫掠夺。最早入侵亚洲的是西班牙、葡萄牙，接踵而来的是荷兰和英国。明世宗嘉靖三十六年（1557），葡萄牙殖民主义者利用欺诈手段，攫取了中国的澳门，并狂妄地宣称台湾为澳门属地，企图进一步入侵台湾。明穆宗隆庆五年（1571），西班牙占据菲律宾的吕宋岛，并于明熹宗天启六年从吕宋出发，侵入台湾北部的鸡笼（今基隆），修筑了鸡笼城，又侵占了淡水，筑淡水城。

荷兰对中国的侵略始于明万历二十九年（1601），殖民者"驾大舰，携巨炮"，以"通贡市"为名，对我国沿海各地进行侵扰，企图夺占一个地方，作为控制对华贸易和劫掠中国财富的基地。

荷兰殖民主义者先占据了爪哇岛（今属印度尼西亚），接着与葡萄牙争夺澳门，被葡萄牙打败后，逃到澎湖（位于台湾岛西部的台湾海峡）。1604 年 7 月，荷兰驻爪哇提督韦麻郎率舰两艘，由爪哇出发，8 月抵达澎湖。由于当时明朝政府派驻澎湖的军队已经撤回，荷军 8 月 7 日在未遇到任何抵抗的情况下，顺利在澎湖登陆。不久，荷兰侵略军头目高文律于天启二年派兵骚扰福建的漳州、泉州一带，要求开辟租界。福建巡抚得悉后，命令都司沈有容率帆船五十艘于 11 月 18 日前往澎湖，责令荷军离去，并禁止百姓下海，以断绝对荷军的物资供应，荷军被迫于 12 月 15 日撤离澎湖。

1619 年，荷兰东印度公司在爪哇建巴达维亚城（今印度尼西亚首都雅加达），更加紧了对中国的侵略。

1622 年，荷军东印度公司驻印尼雅加达总部命令科纳里斯·雷约兹率军舰十七艘、侵略军千余人，再度窜犯澎湖，在妈宫澳（马公湾）登陆，建筑城堡。随后又在凤柜尾、金龟头、莳（shí）里、白沙、八罩诸岛建设城堡。同年 7 月，雷约兹率舰两艘到台湾西海岸，从安平入台江测量水道，为以后入侵台湾做准备。

1626 年，荷兰东印度公司又派马尔登·宋克率战舰"热兰遮"号窜达澎湖。明朝福建巡抚南居益派兵两千人攻打澎湖。先遣部队在白沙岛的镇海港登陆，攻打瓦硐（dòng）港炮台，后越海进入澎湖岛，逼攻西卫附近的红木埕堡（今潮阳。埕，chéng）。在中国军队的攻击下，荷军约一千人大部龟缩于妈宫澳，一部分固

1319

守凤柜尾城，企图顽抗。为全歼敌军，福建省巡抚大量增兵（总兵力达一万人、兵船二百艘），于 8 月从红木埕、文澳、西卫向荷军发起总攻，打败荷兰侵略军，恢复澎湖。侵略军头目高文律等十二人被活捉，其残兵败将仓皇逃往台湾南部。

荷军看到双方兵力悬殊，不得不求和。经过双方谈判，签订了三项议和条约：一是荷兰放弃澎湖岛；二是中国允许荷兰通商；三是荷兰染指台湾，明朝政府可以不问。

荷兰侵略者从澎湖败逃出来后，转到台湾。1624 年 10 月 25 日抵达台湾西海岸，骗得当地居民的信任，经台江在安平地区登陆。明朝政府于收复澎湖后，为胜利所陶醉，没有派兵追击，结果使荷兰侵略军在台湾南部站稳了脚跟。1630 年荷兰人在安平构筑台湾城（荷兰称热兰遮堡），1650 年又在台南建设赤嵌城（荷兰称为普罗文查堡），企图长期盘踞。荷兰在台驻军最高达 2800 人。

当时侵占中国台湾的还有另一个西方殖民者——西班牙。1596 年，西班牙驻马尼拉总督曾向其国王建议，占领台湾，阻止日本南侵。1597 年，西班牙驻马尼拉总督率舰两艘、兵二百人，企图占领台湾，因遇逆风，未能得逞。

1624 年荷兰占领台湾南部后，西班牙的海上航行和贸易受到威胁。1624 年 5 月，西班牙驻马尼拉总部派遣提督安敦尼率板船十二艘、士兵三百人，由吕宋（即今菲律宾群岛中的吕宋岛）出发，越过巴士海峡，沿台湾东海岸北上，5 月 11 日在三貂角（台湾本岛的最东点）登陆，因该地难于立足，又继续沿岸北上，12 日进入鸡笼港（今基隆港），在鸡笼屿（今和平岛）登陆，并在该岛西南端修筑基隆城（西班人称为圣救主城）和两个炮台。同年 7 月，西班牙驻马尼拉总督命令率舰两艘赴台，8 月 17 日又亲自率舰 4 艘驶台，企图与占领台湾的西班牙军队会合，独霸台湾，因中途遇到大风，不得不返回菲律宾。

1628年7月，西班牙驻马尼拉总督又派军舰到台湾西北海岸的沪尾（今淡水），构筑淡水城（西班牙称为圣多明哥城）。1632年沿淡水河而上，进入台北平原和基隆。1633年占领宜兰（位于台湾省东北部）、苏澳、南投（位于台湾岛中部，是台湾省唯一不靠海岸的内陆县、山区县）、花莲（位于台湾本岛东部）交界处等地。从而，西班牙完全控制了台湾北部。

西班牙占领台湾北部后，台湾南部的荷兰不仅贸易和通航受到影响，而且在政治上、军事上也受到西班牙的威胁（当时西班牙驻台兵力约四百人，荷军约两千二百人）。荷兰为排挤西班牙的在台势力，于1629年7月，由驻台总督派军舰攻打淡水港，遭到西班牙军队的抵抗而失败。

1641年8月，驻台荷军又派一支先遣部队三百人北上，26日抵达基隆，侦察西班牙军队情况，并令西班牙献城投降，遭到西班牙驻台头目拒绝。因此，荷兰驻雅加达总督于1642年7月向台湾增派援兵，并任命哈劳节为总指挥，率舰五艘、帆船两艘、士兵六百九十人，北上攻打西班牙军队。

舰船于8月21日驶抵基隆港外，企图在和平岛北端登陆，但因遭到西班牙海防炮火的打击，战局对荷兰军队不利，故停止进攻，退到外海。

8月22日早晨，荷军又以五艘军舰迫近和平岛，由陆战队强行登陆。西班牙军队虽然组织抵抗，但寡不敌众，不得不放弃前哨阵地，退至山上堡垒。

8月23日，荷军敢死队在炮火的掩护下，攻占城堡后，一方面以人力控制基隆城，一方面再次命令西军投降。

西班牙驻台头目被迫于 8 月 25 日投降，并于 9 月 1 日全部撤出台湾。从此，台湾被荷兰殖民主义者独占。

厂卫制度

谈到明朝，恐怕大家记忆最深的就是它的恐怖统治了，而作为恐怖统治的代言人——锦衣卫与东西厂，则更是大大的有名。但长久以来，人们对这三个机构的历史、职能等都不太清楚，在很多小说、电视剧中常常把它们当作幕后黑手、特务组织等随便地搬来搬去。其实东厂和锦衣卫是有较大区别的，而西厂更是前后只存在了不到十年的时间。本文将简要介绍一下这三大特务机构，力求给大家一个较为清晰的印象。

一、锦衣卫

按照时间顺序，先谈谈由朱元璋建立的锦衣卫。明初的军制比较简单，其基层单位是"卫"和"所"，每卫辖正规军士约五千人，其下设所，分为千户所和百户所，京城的禁卫军所辖卫所为四十八处。到洪武十五年，朱元璋决定改革禁卫军，建立了十二个亲军卫，其中最重要的就是"锦衣卫"。

锦衣卫的首领称为指挥使（或指挥同知、指挥佥事），一般由皇帝的亲信武将担任，很少由太监担任。其职能是"掌直驾侍卫、巡查缉捕"。一个顿号，基本上把锦衣卫分成两个截然不同的部门。负责执掌侍卫、展列仪仗和随同皇帝出巡的锦衣卫，基本上与传统的禁卫军没什么两样，其中比较著名的为"大汉将军"。这些人虽名位"将军"，其实只负责在殿中侍立，传递皇帝的命令，兼作保卫工作，说白了，就是在皇宫大殿上的桩子。当然，这些"桩子"也非等闲之辈，一般都是人高马大、虎背熊腰，而且中气十足，声音洪亮，从外表上看颇有威严，对不了解明廷底细的人有一定震慑作用。大汉将军在锦衣卫中自成一营，初期约有一千五百人，到明末，由于官僚机构的膨胀，大汉将军也一度增加到五千余人。

至于"巡查缉捕"，则是锦衣卫区别于其他各朝禁卫军的特殊之处，也是它为什么能为人们牢牢记住的原因。其实朱元璋建立锦衣卫的初衷也只是用来卤簿（古代帝王驾出时扈从的仪仗队）仪仗，但后来由于他大肆屠戮功臣，感觉传统的司法机构刑部、大理寺、都察院使用起来不太顺手，于是将锦衣卫的保卫功能提升，使其成为皇帝的私人警察。负责侦缉刑事的锦衣卫机构是南北镇抚司，其中北镇抚司传理皇帝钦定的案件，拥有自己的监狱（诏狱），可以自行逮捕、刑讯、处决，不必经过一般司法机构。

南北镇抚司下设五个卫所，其统领官称为千户、百户、总旗、小旗，普通军士称为校尉、力士。校尉和力士在执行缉盗拿奸任务时，被称为"缇骑"。缇骑的数量最少时为一千人，最多时达六万之众。锦衣卫官校一般从民间选拔孔武有力，无不良记录的良民入充，之后凭能力和资历逐级升迁。同时，锦衣卫的官职也允许世袭。

明朝前两代皇帝朱元璋、朱棣，由于其出身的特殊性，对皇权的维护有其他朝代所没有的强烈欲望，这就使得锦衣卫"巡查缉捕"的职能无限度地扩大了。一般来讲，锦衣卫的工作只限于侦察各种情报、处理皇帝交付的案件，但一旦适逢一个野心大、心肠狠的指挥使掌权，就会利用职务之便不遗余力地制造事端，既可以打击异己，也可以作为自己升迁的资本。如成祖时的纪纲、英宗时的逯（lù）杲、武宗时的钱宁等，在他们掌权时，缇骑（为逮治犯人的禁卫吏役的通称）四出，上至宰相藩王，下至平民百姓，都处于他们的监视之下，对他们的命令只要稍有拂逆，就会家破人亡，全国上下笼罩在一片恐怖气氛中。臭名昭著的北镇抚司大牢中更是关满了各种各样无辜的人们，死于锦衣卫酷刑之下的正直人士更是不计其数。更为可怕的是，这种恐怖的氛围，与唐武则天时期的短期出现不同，终明一朝几乎是绵绵不绝，这种无节制的滥捕极大地影响了皇帝与官僚机构之间的关系，使百官、民众、军队与皇帝离心离德，难怪有人说明朝不是亡于流寇，而是亡于厂卫。

　　锦衣卫另一项著名的职能就是"执掌廷杖"。廷杖制度始自明朝，是皇帝用来教训不听话的士大夫的一项酷刑。一旦哪位倒霉官员触怒了皇帝，被宣布加以廷杖，他就立刻被扒去官服，反绑双手，押至行刑地点午门。在那里，司礼监掌印太监和锦衣卫指挥使一左一右早已严阵以待。受刑者裹在一个大布里，随着一声"打"字，棍棒就如雨点般落在他的大腿和屁股上。行刑者为锦衣卫校尉，他们都受过严格训练，技艺纯熟，能够准确根据司礼太监和锦衣卫指挥使的暗示掌握受刑人的生死。如果这两人两脚像八字形张开，表示可留杖下人一条活命；反之，如果脚尖向内靠拢，则杖下人就只有死路一条了。杖完之后，还要提起裹着受刑人布的四角，抬起后再重重摔下，此时布中人就算不死，也去了半条命。廷杖之刑对士大夫的肉体和心灵都是极大的损害，但明朝的皇帝却乐此不疲，锦衣卫将校对它也是情有独钟。

　　纵观有明一朝的锦衣卫，尽管也出过袁彬、牟斌这样比较正直的指挥使，但总的来说，其职能主要还是为明朝的极端专制制度充当帮凶。有了锦衣卫这样高效率的工具，明朝的皇帝压制起士大夫阶层、下层民众就显得更加得心应手，但为此付出的代价却是社会活力的极大降低，这也是为什么明朝虽有二百多年历史，但在政治制度、经济制度上却无所进展甚至还有所倒退的主要原因。

二、东厂

东厂的发明者是明成祖朱棣。在发动"靖难之役"夺取了侄子的皇位后，朱棣的精神一直处于高度紧张中，一方面，建文帝未死的流言不时出现，另一方面，朝廷中的很多大臣对新政权并不十分支持。为了巩固政权，朱棣迫切需要一个强有力的专制机构，但他觉得设在宫外的锦衣卫使用起来并不是很方便，于是决定建立一个新的机构。在朱棣起兵的过程中，一些宦官和和尚出过很大力（如著名的郑和、道衍），所以在他心目中，还是觉得宦官比较可靠，而且他们身处皇宫，联系起来也比较方便。

就这样，在明成祖迁都北京之后，建立了一个由宦官掌领的侦缉机构，由于其地址位于东安门北侧（今王府井大街北部东厂胡同），因此被命名为东厂。东厂的职能是"访谋逆妖言大奸恶等，与锦衣卫均权势"，起初，东厂只负责侦缉、抓人，并没有审讯犯人的权利，抓住的嫌疑犯要交给锦衣卫北镇抚司审理，但到了明末，东厂也有了自己的监狱。东厂的首领称为东厂掌印太监，也称厂主和厂督，是宦官中仅次于司礼监掌印太监的第二号人物。除此以外，东厂中设千户一名，百户一名，掌班、领班、司房若干，具体负责侦缉工作的是役长和番役，役长相当于小队长，也称档头，番役就是我们俗称的番子。

东厂的侦缉范围非常广，朝廷会审大案、锦衣卫北镇抚司拷问重犯，东厂都要派人听审；朝廷的各个衙门都有东厂人员坐班，监视官员们的一举一动；一些重要衙门的文件，如兵部的各种边报、捷报，东厂都要派人查看；甚至连普通百姓的日常生活，柴米油盐的价格，也在东厂的侦察范围之内。东厂获得的情报，可以直接向皇帝报告，相比锦衣卫必须采用奏章的形式进行汇报，要方便得多。

东厂府衙的布置比较搞笑，大厅旁边的小厅，供着岳飞的雕像，厅右的影壁上，刻着胝式芏（dù）案的故事。历届东厂厂主的牌位，供奉在大厅西侧的祠堂里，堂前还有一座"百世流芳"的牌坊。

可惜东厂人员的所作所为与他们这些偶像实在相差太远，东厂番子每天在京城大街小巷里面活动，并非完全为朝廷办事，更多的是为自己牟私利。他们常常罗织罪名，诬赖良民，之后就屈打成招，趁机敲诈勒索。到了明中后期，东厂的侦缉范围甚至扩大到了全国，连远州僻壤，也出现了"鲜衣怒马（美服壮马，谓服饰豪奢）作京师语者"，搞得举国上下人人自危，民不聊生。

在与锦衣卫的关系上，东厂则是后来居上。由于东厂厂主与皇帝的关系密切，又身处皇宫大内，更容易得到皇帝的信任。东厂和锦衣卫的关系，逐渐由平级变成了上下级关系，在宦官权倾朝野的年代，锦衣卫指挥使见了东厂厂主甚至要下跪叩头。

三、西厂与内行厂

西厂在明朝历史上只短期存在过，明宪宗成化年间，先是京城内出现了"妖狐夜出"的神秘案件，接着又有一个妖道李子龙用旁门左道蛊惑人心，甚至网罗了很多太监，意图不轨。这就是所谓的"胰式芝案"。虽然李子龙和他的党徒最终被锦衣卫一网打尽，但宪宗由此深感侦刺力量的不足。于是他身边机灵的小太监汪直被选中，派往宫外打探消息。汪直抓住这个机会，到处捕风捉影，搜罗了不少所谓的"秘密消息"报告给了宪宗。宪宗认为这些消息很有价值，对汪直的表现也十分满意，要他继续做下去。

几个月后，宪宗成立了一个新的内廷机构——西厂，首领便是汪直。西厂厂址设在灵济宫前，以旧灰厂为厂署总部。西厂的军官主要从禁卫军中选拔，这些人再自行选置部下，短短几个月内，西厂人员极度扩充，其势力甚至超过了老前辈东厂。

西厂成立，本来只是为了替皇帝刺探消息，但汪直为了升官发财，拼命地制造大案、要案，其办案数量之多、速度之快、牵扯人员之众都远远超过了东厂和锦衣卫。西厂在全国布下侦缉网，主要打击对象是京内外官员，一旦怀疑某人，就立刻加以逮捕，事先不必经由皇帝同意，之后当然就是严刑逼供，争取把案件弄得越大越好。对一般百姓，其一言一行只要稍有不慎，就会被西厂以妖言罪从重处置。

在这种情况下，西厂仅仅成立五个月，就弄得朝野上下人心惶惶，以大学士商辂为首的辅臣集体上书，向宪宗痛陈西厂之危害，并将汪直办下的不法之事一一举报。宪宗收到奏章后为之震惊，于是撤销西厂，遣散了西厂人员。

但没有西厂的日子总让宪宗觉得没有安全感，奸臣戴缙在得知皇帝的心思后，主动上书，大肆吹捧汪直。宪宗大喜，立刻恢复西厂，废与开之间，只相隔一个月。汪直复出后，更加严酷地办案，戴缙也得以升职。

在此后的五年里，汪直领导西厂又办下了无数"大案"，将反对自己的朝臣如商辂、项忠等一一剪除，他的权势也达到了极点。但俗话说"物极必反"，汪直极度膨胀的权力不能不引起皇帝的警觉，在其后的权力角逐中，汪直失败，被调出京城，西厂也随之解散。几年以后，汪直在失意中死去。

到了宪宗的孙子武宗继位后，大太监刘瑾掌权，宦官势力再度兴起，西厂复开，由太监谷大用领导。好笑的是，西厂与东厂虽然都受刘瑾的指挥，但两者之间不是互相合作，而是争权夺利，互相拆台。为了改变这种情况，刘瑾又自建了一个内行厂，由其本人直接统领，其职能与东西厂一样，但侦缉范围更大，甚至包括东西厂和锦衣卫。一时间，锦衣卫、东西厂、内行厂四大特务机构并存，缇骑四处，天下骚动。直到五年后，刘瑾倒台，武宗才下令撤销西厂和内行厂。

西厂作为一个临时产品，就这样在历史上永远地消失了。

最后谈一个题外话：皇帝与宦官的关系。大家一定对历史上为什么那么多皇帝都要重用宦官感到不解。其实从广义上讲，宦官这个群体也可以算作官僚机构的一部分，而且他具有很多士大夫阶层所不具备的优点：

首先，宦官是皇帝的家奴，身处内宫，和皇帝沟通起来更加方便，也更能揣摩皇帝的心事。

其次，宦官本身是阉人，在社会上没有地位，他们唯一能够依靠的就是皇帝，所以他们在为皇帝办事的时候往往更忠心，更替皇帝着想，不像士大夫阶层，往往以拯救天下苍生为己任，有时不太买皇帝的账。

第三，宦官并非目不识丁的粗人，相当数量的宦官文化水平并不低，他们作为皇帝的私人秘书完全可以胜任，也不会向一般文人那样有那么多异议。

最后，宦官是后妃与外界沟通的主要途径，后妃如果想对朝政施加影响，就必须与宦官联合。

总之，出于专制政权的内部需要，皇帝需要一个独立于官僚机构之外的势力供自己使用，而最为方便的就是宦官。所以，只要中央集权的专制制度存在一天，宦官们就有他们的用武之地，虽然他们经常给朝政制造混乱，但任何一个聪明的皇帝都不会轻易舍弃这个有力的工具，这就是为什么宦官能够区别于外戚，在中国历史中一直扮演着重要角色的原因。

明长城

明朝推翻了元朝蒙古贵族的统治，但退回到漠北草原的蒙古贵族的后裔鞑靼及瓦剌，仍经常不断地南下骚扰，企图卷土重来。接着，东北又有女真族的兴起，也威胁着边境的安全。为了巩固北方的边防，在俺答汗同明朝和好之前的整整二百年间，明朝一直没有停止过长城修筑工程。

一、明代长城修建的三个阶段

根据《明史》《明会要》及《皇明大政记》等书记载，明代修筑长城的过程，大体可分为以下三个阶段：

（一）明代前期对长城的缮治

洪武元年（1368），明太祖派兵攻克元大都后，以元顺帝为首的蒙古贵族残余势力退到塞外，其继承者仍自称大元皇帝，与明王朝分庭抗礼，经常骚扰明的边境。但明开国之初，国势比较强盛，在内蒙古地区，还控制了许多军事据点，其中主要的有大宁卫（治今内蒙古宁城西，辖今河北长城以北、内蒙古西拉木伦河以南地）、开平卫（治所相当今内蒙古锡林郭勒盟正蓝旗及多伦县附近的上都城）及东胜卫（起着连接山西诸卫与宁夏诸卫，控扼河套的重要作用）三个重镇，都远在长城以北。它们与长城沿线上的宣府（今河北宣化）、丰胜（今内蒙古自治区丰镇）、大同等战略要地，指臂相依，南北呼应，使蒙古贵族的侵扰难以得逞。明成祖朱棣即位后，又采取主动回击的方针，在永乐八年至二十二年（1410—1424）间，先后五次出兵，深入漠北，取得军事上的重大胜利，瓦剌和鞑靼首领分别接受了明王朝的册封。

这一时期，明朝边防虽然比较巩固，但也没有忽视对长城的修缮和加固工作，在洪武元年（1368），明太祖就派大将军徐达，修筑居庸关等地边墙。洪武四年（1371），又发动蔚、忻、崞（guō）三处民工和士兵协力修筑长城。建文中（1399—1402），"自宣府迤西迄山西，缘边皆峻垣深壕，烽堠（hòu，古代瞭望敌方情况的土堡）相接。……其敕书云：'各处烟墩务增筑高厚，上贮五月粮及柴薪药弩，墩旁开井，井外围墙与墩平，外望如一。'重门御暴之意，常凛凛也"。其所修缮的重点，是在今河北宣化以北迤西至山西大同以北的外边长城。成祖永乐十年（1412），"敕边将治濠垣，自长安岭（今宣化东北约一百四十里）迤西，至洗马林（今河北万全西），皆筑石垣，深壕堑，以固防御"。这是在建文年间修竣长城的基础上，进一步改修石垣以加固的。

永乐十一年及十三年，先后建成山西沿边的烽火台，在关外各个隘口筑起要塞，以及在开平卫建筑起烟墩。宣宗宣德元年（1426）及三年（1428）修筑了从山海关到居庸关的沿边险隘及居

庸关城。英宗正统元年（1436），增置"赤城等堡烟墩二十二"，继又修建宣府至大同一带的城堡和建立大同威远卫等。总之，明朝前期，从洪武到正统十二年（1368—1447），对长城的修缮，主要是在魏、齐长城的基础上，增建了一些烟墩、烽堠、屯堡、关城、濠堑等，从而使长城发展成为一道更为完备的防御体系。

（二）明代中期长城的大规模兴建

明英宗统治时期，内政腐败、宦官专权，边防力量日趋削弱，蒙古地区瓦剌部的势力却日渐强大起来。其首领也先于正统十四年（1449）分兵四路攻打明朝，发生"土木之变"，英宗被掳北去。后瓦剌虽被于谦所击败，鞑靼部又代之而兴。在成化、弘治、正德年间（1465—1521），鞑靼的统治者达延汗等经常兴兵犯境，进行掳掠，北方边防日紧，于是修筑长城，增设堡垒，添置墩台等，也就成了当务之急。这是明代对北方长城大力修建的时期，其建筑过程又可分为两个阶段：

1. 宁夏至陕北长城的修建

明宪宗成化七年（1471），"延绥巡抚都御史余子俊大筑边城"，"由黄甫川西至定边营千二百余里，墩堡相望，横截套口；内复堑山堙谷（挖山填谷。堙，yīn），曰夹道，东抵偏头，西终宁固"。黄甫川位于陕西省府谷县，为明长城榆林镇关堡；定边营在今陕西西北端的定边县，偏头即今山西西北端的偏关，宁固则指当时的宁夏（今宁夏银川）、固原（今宁夏固原）二镇。这一条长城横亘于今陕西北部全境，达于黄河，并以夹道东连偏关，西接宁、固。它的西段与隋开皇五年崔仲方所筑朔方、灵武长城路线相近；东段则偏北而达今陕、晋两省北端接界处。以后，弘治、正德年间，对这段长城都曾继续加以修缮。

2.山西北部至河北宣化长城的修建

世宗嘉靖二十九年（1560），翁万达总督宣大时，"请修筑宣大边墙千余里，烽堠三百六十三所。后以通市故，不复防，遂半为敌毁。至是，兵部请敕边将修补。科臣又言垣上宜筑高台，建庐，以栖火器。从之"。三十四年，"总督军务兵部尚书杨博，既解大同右卫（今山西朔州右玉县）围，因筑牛心（即今牛心堡乡，位于右玉县东境9公里处）诸堡，修烽堠二千八百有奇"。这里所说修筑宣府、大同边墙，虽未明确记载它的起讫地点，但按千余里的里程来推论，当指今山西北境以至河北宣化以东的一段长城。这是在魏、齐长城的基础上加以修缮，并增补烽堠等设施，以提高其防御效能。

（三）明代后期蓟东长城的兴建

嘉靖至隆庆年间（1522—1572），倭寇入侵东南沿海，北方蓟东沿海一带也受到倭寇的骚扰，为了加强京师东北外围的防御，这时修建长城的重点转入蓟东地区。其间主要的修建工程有两次。一次在嘉靖中，"兵部许论奏言：'大同之三边，陕西之固原，宣府之长安岭，延绥之夹墙，皆据重险，惟蓟独无。渤海所南，山陵东，有苏家口，至寨篱村七十里，地形平漫，宜筑墙建台，设兵守，与京军相夹制。'报可"。按苏家口在今河北昌平市东北八十里，寨篱村在今河北通州区北，这一段长城呈西北东南走向，纵列于京师的东北部，作为拱卫首都的屏障，规模不大。另一次在隆庆二年（1568），"督臣谭纶、帅臣戚继光治塞垣（指北方边境地带），夹垣（墙）为台，高数丈，矢石（战争）相及，环蓟而台者三千，垣周两千余里。自是，外寇不敢深入"。戚继光所修筑的当是东起山海关，西讫居庸关西灰岭隘口的蓟镇边墙。所谓"环蓟而台"者，可能系向西达今保定北界的内城也修筑了，因而垣周长达两千余里。戚继光以后并在山海关往南八里的老龙头，修建了高三丈，长八丈的入海长城，这段伸入海中的长城，虽在海浪冲击下已经倒塌，但至今仍有花岗岩城垣的残迹可寻。

二、明代河西长城的兴建

明代还兴筑了河西长城，由甘肃黄河西岸北面的芦圹营堡（今景泰境）起，向西经红水河堡、土门堡，至武威东南靖边堡附近古浪河口，与另一道起自南面安宁堡（今兰州北），北行经红城子堡，武胜堡，安远堡而来的长城相会合，然后向北绕过红沙堡（今民勤东北），向西至青羊口（今永昌北），再折向西北，经新河堡（今山丹东）、太平堡（今张掖东北）、平川堡（今高台东），至酒泉西北嘉峪关止。弘治十四年（1501），"陕边惟甘肃稍安，而哈密屡为吐鲁番所扰，乃敕修嘉峪关"。当时通往天山南北地区的交通线处于蒙古贵族封建割据政权吐鲁番的骚扰下，明朝被迫放弃了玉门关（故址在今甘肃敦煌西北小方盘城）及阳关（位于甘肃省敦煌市西南的古董滩附近），而在酒泉西北七十多里处，另行修筑了嘉峪关，作为长城的终点，但《明史》除"修嘉峪关"外，并没有筑长城至嘉峪关的记载。事实上，汉代的河西长城走向与明长城不相一致，且因年代久远，早已毁坏不存，《明史》虽然失载，但这段长城必为明代所兴建无疑。

三、辽东边墙

明代辽东都指挥使司辖地"东至鸭绿江，西至山海关，南至旅顺海口，北至开原"，为防备蒙古兀良哈部和女真各部的侵扰，沿边修筑了一条长达八百八十余公里的辽东边墙。关于边墙修筑的情况《明史》完全失载，《大明一统志》及杨守敬的《明地理志图》亦未涉及。唯在《读史方舆纪要》及《全辽志》中得窥其大要。

（一）辽东边墙的三段

辽东边墙分为辽河边墙、辽西边墙及辽东边墙三大段，以其修筑之先后分述于下：

（1）辽河边墙起于北镇，止于开原，为永乐年间所筑。据《读史方舆纪要》载："成化二十年（1484），边将邓钰言，永乐时，筑边墙于辽河，内自广宁，东抵开元，七百余里。"明时广宁卫设于今辽宁北镇，边墙即起于北镇北部至黑山的白土厂门，转向东南，经台安、盘山之间，在海城西北境越过三岔河，再沿辽河东岸北上，经鞍山、辽阳、沈阳、铁岭到开原东北之威远堡止。这段边墙绕过"辽河套"，呈"V"字形，兴建于辽河东西两岸。

（2）辽西边墙起于山海关外铁场堡，止于北镇，兴修于正统七年（1442）。时王翱提督辽东军务，荐毕恭为流官指挥佥事。毕恭"图上方略，开设迤西边堡墙壕，增置烽堠"，王翱又躬出巡边，"沿山海关抵开原，高墙垣，深沟堑，经略屯堡，易置烽燧，珠连壁贯，千里相望"。在王翱、毕恭的经营下，不但新建了辽西边墙，而且"践山固河，编木为垣。久之，乃易以版筑，而墩台城堡，稍有添置"。辽西边墙西接长城，以今绥中县铁场堡为起点，一路向东北延伸，经兴城、锦西、锦州，到义县北面，向东至北镇以北与辽河边墙相衔接。

（3）辽东边墙起于开原，止于鸭绿江，建于成化十五年（1479）。据《全辽志》记载：成化三年（1467），明军在大败建州女真后，即开始辽东东部边墙的经营。辽阳副总兵韩斌"建东州、马根单、清河、碱场、叆阳、凤凰、汤站、镇东、镇夷、草河十堡拒守，相属千里"。两年后，都指挥使周浚又向北"开拓柴河抵蒲河界六十里"，并在今昌图县东北增设"镇北、清阳二堡"，使与正统年间兴筑的边墙相衔接。成化十五年至十七年（1479—1481），又做了最后修缮，于是"守备大固"。这一段位于辽东东部的边墙，由昌图、开原、铁岭、抚顺的东境南下，向东绕过新宾县西南的鸦鹘关，在本溪、凤城与宽甸之间南下，直至鸭绿江边丹东市东北的九连城。

明政府沿辽东边墙设边堡九十八座，墩台八百四十九个，分兵驻守，但因主其事者急于求成，多"躁率苟且（敷衍了事）""速成之功，随手倾圮"，边墙在军事上并未能充分发挥其防卫作用。

（二）明末清初的盛京边墙

明天启元年（1621），努尔哈赤进据辽东地区，迁都沈阳，以沈阳为盛京后，改称辽东边墙为"盛京边墙"。清朝统治者视辽沈地区为"龙兴重地"，在明代辽东边墙的基础上，建成以盛京为中心的完整的防御系统。据《大清一统志》记载：盛京边墙，"南起岫岩厅所辖凤凰城，北至开原，折而西至山海关，接边城，周一千九百五十余里，名为老边；又自开原城威远堡而东，历吉林北界，至法特哈，长六百九十余里，插柳结绳，以定内外，谓之柳条边"。从上述记载来看，东沿凤凰城、兴京一线，北包开原、铁岭，西包锦州、宁远，以接山海关，长一千九百五十余里的名为"老边"的边墙，大体上沿袭明代辽东边墙的走向，而略有扩大。自开原城威远堡而东，历吉林北界长春厅至法特哈，长六百九十余里名为"柳条边"的边墙，则只是"插柳结绳"以定内外：柳条边以东开原、吉林一带算是内；柳条边以西蒙古科尔沁等诸部驻牧地算是外。据杨宾的记述："古来边塞种榆，故曰'榆塞'。今辽东皆插条为边，高者三、四尺，低者一、二尺，若中土（指中原）之竹篱。而掘壕于其外，人称为'柳条边'，又曰'条子边'。"

盛京边墙经过不断对外扩展，至康熙年间，"三展皇边"（指康熙十四、二十五、三十六年三次）后，全部辽东边墙已有边门二十座，由山海关外自西而东，有明水堂、白石咀、梨树沟、新台、松岭子、九官台、清河、白土厂、彰武台、发库、威远堡；从此折向东南，有英峨、兴京、碱厂、爱哈、凤凰门；又自开原威远堡而东北，有布尔图库、克尔素、伊屯、法特哈。这二十座边门所驻防的官兵、负责稽查行旅的出入。清代后期，因年久失修，用土石垒成的盛京边墙日渐废弛，经风摧雨刷，今已遗迹难寻。

四、沿长城的"九边"重镇

明英宗正统（1436—1449）以后，由于北方边防力量削弱，原在关外的重要据点大宁、开平二卫已先后放弃，东胜卫也被迫南移，明政府完全依靠长城作为边防。为了更有效地加强长城的防守力量，便在东起鸭绿江、西至嘉峪关的长城沿线，划分了九个防守区，即称为"九边"的九个要镇：

（1）辽东镇镇守总兵官治广宁（今辽宁北镇），隆庆元年（1567）后，冬季则移驻辽阳（今辽宁辽阳）。管辖南起凤凰城，西至山海关，共长一千九百五十余里的辽东边墙。

（2）蓟镇总兵官驻三屯营（今河北迁西西北）。管辖东起山海关，西达居庸关的灰岭口，长一千二百多里的城段。蓟镇的边墙非常坚固，从蓟州到密云一带边墙有三重。沿边分东西中三路。其最重要的关隘，东路有山海关、石门寨、燕河营、建昌营；中路有太平寨、喜峰口、松棚谷、马兰谷；西路有墙子岭、曹家寨、古北口、石塘岭等处。

（3）宣府镇总兵官治宣府卫（今河北宣化）。管辖东起居庸关东的四海冶，西达今山西、河北交界的西阳河，全长一千零二十三里的城段。本镇的位置正当北京的西北，形势十分重要，边墙非常坚固，并有内外九重城墙。沿边分东、西、北、中四路。东路的四海冶，北路的独石、清泉、马营，中路的葛峪、青边，西路的万全右卫、张家口、西阳河等处，都极冲要。而地处长城极北处的独石，更是咽喉要地。

（4）大同镇治大同（今山西大同）。管辖西起鸦角山（一名丫角山，在今山西偏关东北），东至镇口台（山西天镇东北），全长六百四十七里的城段，沿边也分东、西、北、中四路，其中重要关隘有西路的平远堡、威远堡，中路的大同右卫、大石等处。

（5）山西镇（也称太原镇）太原总兵初治偏关（今山西偏关东北），寻移宁武（今山西宁武）。管辖西起山西保德黄河岸，经偏关，到老营堡，称为"极边"；又从老营堡转南而东，历宁武、雁门关，而达平型关，称为"次边"；又由平型关折而向南，经龙泉关、固关而达黄榆岭（今山西和顺东）止，总长一千六百多里的城段。这一横贯山西及东界河北的内长城也有好几重，其中雁门关外即有大石墙三道，小石墙二十五道，防卫严密。

（6）延绥镇初治绥德州（今陕西绥德），成化七年（1471）移治榆林卫（今陕西榆林），此后通称榆林镇。管辖东起清水营（今陕西府谷北清水川畔），西达花马池（今宁夏盐池），全长一千七百七十里的城段。沿边分东、西、中三路，东路的榆林关、神木堡、孤山堡、清水营，中路的鱼河堡、清平堡，西路的定边营等都是要冲所在。

（7）宁夏镇驻地甘肃宁夏卫（今宁夏银川）。管辖东起大盐池

（今宁夏盐池境内），西达兰靖（今甘肃皋兰、靖远）以北，全长两千里的城段。这一位于今宁夏境内的长城，其要冲有花马池、平虏（今宁夏平罗）、镇城及中卫四处。

（8）固原镇三边制府治固原州（今宁夏固原），也称陕西镇。管辖东起陕西靖边，与延绥镇边相连；西达今甘肃中部的皋兰，与甘肃镇边相接，绵延一千余里的城段。沿边分东、西、中路，东路的白马城，中路的下马房关，西路的兰州（今甘肃皋兰）是重要的关隘。

（9）甘肃镇总兵官治甘州卫（今甘肃张掖）。管辖东起甘肃金城县（今甘肃兰州），北到镇番卫（今甘肃民勤），折而向西，直达嘉峪关，全长一千六百余里的城段。沿边重要关隘有甘州五卫（左、右、中、前、后）、肃州卫（今酒泉）、永昌卫（今永昌）、凉州卫（今武威）、镇番卫（今民勤）和嘉峪关等处。

明代长城除辽东边墙外，山海关至嘉峪关的一段至今仍大部保存完好。这一横跨辽宁、河北、北京、山西、内蒙古自治区、陕西、宁夏、甘肃八个省市自治区的全长一万二千七百多里的长城，前后施工达二百多年，才最后完成。其中除由景泰通往嘉峪关的河西长城是明代新筑的以外，其他各段多是在原有故长城的基础上，加以修缮、改建和扩建而成的。由宁夏至陕北的一段，前面述及，是利用了隋代的故城。在山西偏关至山海关有三道长城。第一道由偏关东北将军会堡至杀虎口折向东，经大同、阳高、天镇北面，进入河北境内，越过于延水，经张家口、独石口、古北口、喜峰口、界岭口以至山海关为止的"外边"长城，大体上是利用了魏、齐的长城；第二道由偏关东北老营堡起，转向南，东历雁门关、平型关，进入河北涞源境，向东北到达居庸关北口，在永宁四海冶和外边长城会合的"内边"长城，则是利用了北齐的"重城"；第三道沿河北、山西边界的固关、娘子关、井陉北上，经倒马关、紫荆关等地接入居庸关南口的，叫作"三边"的长城，大多认为基本上是利用了北齐所筑的勋掌城修建的。但从勋掌城所筑方位与道里计，均有未合，其修筑时间待考。现在，这三道长城中，除"三边"外，"外边"和"内边"还大部分完好。

五、明长城的宏伟规模

明代修筑万里长城，不仅费时最久，工程也最大。它比过去历代长城都修得更坚固和完善，防御作用也更强。明长城主要由以下四个部分组成：

（1）城堡。明代长城的城堡，按照等级分作镇城、路城、卫城、关城和堡城。九边重镇所在地的城堡，叫作"镇城"。镇以下所分各路的城堡，叫作"路城"；在要害地区设卫，卫所在的城堡，叫作"卫城"。如明长城东端，北起角山，南到海岸之间的山海关，就是明洪武十五年（1382）所筑的山海卫城。它倚山临海，形势险要，成为辽东镇和蓟镇的咽喉。又如作为北京西北门户的居庸关，其北口八达岭居高临下，地势险峻，历代都设有重兵把守，明政府也在这里设卫，成为拱卫京畿的要津。在长城沿边要隘所建立的"关城"，最有名的如长城西端起点的嘉峪关，位于悬崖峭壁的雁门山上的雁门关，坐落在形势险要的平型山上的平型关以及山西、河北交界处长城最南的关口娘子关等。关城都设在高山峡谷之处，扼守要冲，具有"一夫当关，万夫莫开"的险要形势。至于沿边险要地段所筑的"堡城"，那更是不可胜数了。

（2）城墙。元代大都城墙还是土筑，各城市城墙包砖，多由明代开始。长城的城墙自明代起也大多改用砖、石砌筑。以居庸关、八达岭为例，就是用整齐的条石砌成墙身的外层，内部填满泥土石块，非常坚固。墙身高低因地势而定，山冈陡峭处较低，平地较高，平均高约 7.8 米。墙基平均宽 6.5 米，顶部宽 5.8 米。城顶靠内一侧，用砖砌成高约一米的"宇墙"（一称"女墙"），靠外一侧则用砖砌成高近两米的"垛口"，每个垛口的上部有一个小口，叫"瞭望口"，用以观察敌情。垛口的下部有一个小孔，叫作"射洞"，供作射击敌人之用。

城墙的墙面用三、四层砖铺砌而成，面上的一层是方砖，用石灰砌缝，非常平整坚实。墙面宽 4.5 米左右，可容五马并骑，十人并进。墙面上还有排水沟和出水嘴等设备。墙身内侧每隔相当距离就有一个"券门（长城上的一个圆拱形小门）"，有石梯通到城墙顶上，守城士兵由此上下。

（3）城台。城墙上每隔半里左右，有一个凸出墙外的城台。城台有两种：一种叫作"墙台"，台面与城墙顶部相平，只是向前凸出一部分于墙外，外沿也砌有垛口，台上有遮蔽风雨的铺房，供士兵巡逻放哨用；另一种叫作"敌台"，分上下两层，下层有许多砖砌的券室，可容十余人住宿，上层砌有供守望和射击用的垛口，有的还有燃放烟火的设备。

除了墙台、敌台以外，戚继光任总兵时，还在长城的险要处筑有"战台"。也分上、下两层，上层有供瞭望和射击用的垛口，下层储放弓箭、弹药等武器，上下出入用活动梯子，这是一种和近代碉堡相似的临战用的防御工事。

（4）烟墩。也叫墩堠、烽堠、烽火台、狼烟台，多建于长城内、外的高山顶上或平地转折处，是用砖、石砌成的高台子，专为传递军情用的。如遇有敌情，夜间点燃干柴，放出火光作为信号，叫作"烽"；白天燃烟作为信号，叫作"燧"。所以汉代称烽火台叫作"烽燧"。据说狼粪燃烟可直上云霄，视程最远，所以又称烽火台为狼烟台。明时点烽时加用硫黄、硝石助燃；燃烟时还同时放炮。按照成化二年（1466）的规定，敌人在一百人左右时，举放一烟一炮，五百人举放二烟二炮，千人以上举放三烟二炮，五千人以上举放四烟四炮，万人以上举放五烟五炮。这样，不仅使后方迅速获悉敌人来犯的消息，并从燃烟，炮声的多少，得知敌人的人数，这在当时来说，确是一种非常迅速的传递军情的方法。

明代在长城的重要关隘，还配备有数千斤重的大炮，防御力量相当强大。

由上可见，明代长城在建筑工程技术和防御设备上，都有了许多改进和发展，它已不是单独的几道城墙和孤立的城堡，而是由一些不同形式和不同用途的建筑设施相互配合而联结成的一套完整的防御工程体系，它们构成了一道城堡相连、烽火相望的万里防线。明代是长城建筑史上最后一个朝代，也是长城防御工程技术发展的最高阶段。

清朝是我国多民族国家最后形成的时期。随着政治军事形势的发展和统治策略的改变，清康熙、雍正、乾隆年间（1662—1795），采取了对各族上层分子加以笼络利诱和利用宗教信仰加强思想控制等方法，来巩固其统治。他们分封蒙古封建主为亲王、郡王、贝勒、贝子、镇国公、辅国公六等世袭爵位，以及一至四等台吉、塔布囊，使享受俸禄。清皇室还同蒙古贵族世代联姻，并在承德修建热河行宫"避暑山庄"和派驻喇嘛、由理藩院发放银两的"外八庙"，经常与蒙古贵族在这里举行"塞宴"联欢和祈祷等宗教活动，以加强感情上的联系。正如乾隆所说的"合内外之心，成巩固之业"，就这样以"怀柔"性的政治活动，取代了浩大的防御建筑工程，从而结束了我国两千多年来修建长城的历史。

解缙主修《永乐大典》

解缙，江西吉水县人，他生相奇异，聪明绝顶。他母亲望子成龙心切，未待他满周岁，就用树枝在地上比比画画，教他识字，解缙居然过目不忘。到了六七岁时，他就能即兴作诗，被称为神童。21岁时，他考中进士，被朝廷授予中书庶吉士，深受朱元璋器重。

解缙文章写得好，书法也极有天赋，他既精于小楷，又长行草，他的狂草是当时任何书法家都比不上的。

朱元璋在世时，解缙就提出过建议，让朝廷编纂一部大型类书（我国古代一种大型的资料性书籍），但朱元璋不重视文化，未采纳他的提议。尽管这样，他仍然编制了全书的体例，积极地做好准备工作。

解缙是个文人，不懂官场险恶，常常口无遮拦，在朝堂上直言不讳，因此得罪了朱元璋，被免去了官职。后来，建文帝又把他请回了朝廷。

明成祖朱棣进了南京后，解缙知道自己脾气耿直，与残暴的皇帝处不好关系，决定辞官。可明成祖偏偏看重他的学问，要他主修一部大型类书。编这样的书，正是解缙求之不得的事情。于是，他组织了一百多名文官，埋头苦干，花了一年时间编纂而成，书名定为《文献大全》。

明成祖看了书稿，觉得规模不够大，内容也太少，让解缙重修，同时，又加派了太子的老师姚广孝等人做监修。这回，参加编写的人员达到了三千多名，他们花了三年多时间才成书。明成祖将书名改为《永乐大典》。

《永乐大典》全书两万两千八百七十七卷，分为一万一千九十五册，仅目录就有六十卷，总计约三亿七千万字，成为我国古代类书之冠，是一部百科全书式的文献集。

照例，明成祖应该好好地奖励解缙，可是，天有不测风云，《永乐大典》大功告成之前，有人诬告解缙，说他在批阅廷试卷子时不公正，还泄露了试题。明成祖居然相信了这些，将解缙贬到广西。更不可思议的是，一次，解缙入京奏事，恰巧明成祖外出，他见过太子后便回去了，朱棣竟以"目中无君"的罪名把他关进大牢。解缙在狱中备受折磨，后来被活埋在雪中而死。这年，他才47岁。

李时珍与《本草纲目》

明世宗即位四十几年，尽情享乐，但是他又担心自己一天天衰老下去，有朝一日死掉，快活日子就过不下去了。于是，他就千方百计寻找一种长生不老的药方。

公元1556年，朝廷下令各地官吏推荐名医。当时封在武昌的楚王，把王府里的医生李时珍推荐给太医院。李时珍是蕲州（隶属今湖北）人。他的祖父、父亲都当过医生。父亲李言闻对药草很有研究，李时珍从小受父亲的影响，常常跟小伙伴一起上山采集各种药草。日子一长，他能认得各种草木的名称，还知道什么草能治什么病。他的医药知识渐渐丰富起来。但是，在那时，做一个普通医生是被上层社会看不起的。李言闻自己是医生，却要李时珍读书应科举考试。李时珍在父亲督促下，在14岁那年考中秀才，但是以后参加举人考试，三次都没有考中。别人都替他可惜，李时珍却并不因此失望，他的志愿是做个替百姓治病的好医生。打那时起，李时珍就一心一意跟他父亲学医。正好在这一年，他的家乡发生一场大水灾，水退以后，又流行疫病，生病的都是没钱的穷百姓。李时珍家并不宽裕，但是父子俩都很同情穷人，穷人找他们看病，他们都悉心医治，不计报酬。老百姓认为他们医术高明，治病热心，都很感激他们。

　　李时珍为了研究医术，读了许多古代的医书。我国古代很早就有医书了。汉朝人写过一本《神农本草经》，以后一千多年，不断出了许多新的医书。李时珍常常替当地的王公贵族看病，那些贵族家里藏书不少，李时珍就靠他行医看病的便利机会，向王公贵族家借图书看。这样一来，他的学问就越来越丰富，医术也越来越高明了。

　　李时珍的名气越来越大，被他看好病的人，到处宣传李医生好。附近州县得病的人，也赶来请李时珍看病。有一次，楚王的儿子得了抽风病。楚王府虽然也有医官，但是谁都没法治好。这孩子是楚王的命根子，楚王怎能不着急？有人告诉楚王，只有找李时珍，才能治好这种病。楚王赶快派人把李时珍请到王府。李时珍一看病人的脸色，再按了按脉，就知道孩子得的抽风病是由肠胃病引起的。他开了个调理肠胃的药方，叫人上药铺抓了药。楚王的儿子吃了药，病就全好了。楚王十分高兴，再三挽留李时珍在楚王府待下来。没多少日子，正碰上朝廷征求人才，楚王为了讨好明世宗，就把李时珍推荐到北京太医院去了。

太医院本来是国家最高的医疗机构。可是在那时候，明世宗对真正的医学并不重视，却迷信一批骗人的方士，在宫里做道场，炼金丹，想凭借这些办法使自己长生不老。李时珍是一个正直的医生，看不惯那种乌烟瘴气的环境。他在太医院待了一年，就辞职回家了。

李时珍辞去官职，在回家的路上，顺便游历了许多名山胜地。他上山不是为了欣赏景色，而是为了采草药，研究各种草木的药用性质。有一次，他到均州（今湖北均县）的武当山去，听说那里产一种榔梅，吃了能使人返老还童，人们把它称作"仙果"。宫廷的贵族都把它当作宝贝一样，要地方官吏年年进贡，并且禁止百姓采摘。李时珍可不相信真有什么仙果。为了弄清真相，他冒着危险，攀登悬崖峭壁，采到了一颗榔梅，带回家乡。经过他详细研究，才知道那种果子不过和一般梅子一样，有生津止渴的作用，根本谈不上什么"仙果"。

李时珍从长期的医疗工作和采集药物的过程中，得到了不少科学资料。他发现古代医书上的记载有不少错误；再说，经过那么长的时间，人们又陆续发现了许多古代书上没有记载过的药草，他就决心编写一本新的完备的药书。辞职回家以后，他花了将近三十年的时间，写成了著名的医药著作《本草纲目》。在这本书里，一共记录了一千八百九十二种药，收集了一万多个药方，为发展祖国的医药科学做出了伟大的贡献。

《本草纲目》出版以后，一直流传到全世界，已经被翻译成日文、德文、英文、法文、俄文、拉丁文等许多种文字，在世界医药史上占有重要的地位。

徐光启与《农政全书》

徐光启，上海县法华汇（今上海市）人，我国古代著名的科学家。明世宗的时候，上海沿海一带经常遭到倭寇的袭击。徐光启小时候就经常听父亲讲上海人民反抗倭寇侵略的英勇故事，很受启发和感动，对戚继光这样的抗倭爱国名将非常崇拜和敬佩。他从小就有一股爱国激情。

徐光启从小读书，聪明好学，十几岁就考中了秀才。长大以后，有一次参加科举考试，经过南京时结识了欧洲传教士利玛窦，从他那里得知了许多科学知识，并逐渐喜欢上了西方科学。

当时，中国人不信西方的天主教，朝廷也不支持西方人来明朝传教。利玛窦传播科学知识，主要是为了方便传教。他认为皇帝不支持，他在中国的传教就非常困难。他想，如何才能取得皇帝的支持呢？只有用中国尚不完全具备的科学，才能吸引皇帝，说服皇帝让他传教。当时，明朝规定，不准外国传教士到北京传教。后来，利玛窦请地方大臣在皇帝面前为他说好话，他自己也到北京去了，通过宦官马堂送给明神宗几本《圣经》和圣母图，还有几个自鸣钟。明神宗不信西教，不懂《圣经》，也不知圣母是何方人氏。而看了自鸣钟，倒觉得很新鲜，他实在不明其理，这东西怎么能自动报时，就让马堂把利玛窦带进宫来。

神宗见了利玛窦，问他是何方人氏。利玛窦本来是意大利人，因为郑和七下西洋，明朝与西洋各国交往密切，他为了自我炫耀，就说是大西洋国人。神宗赏赐给利玛窦一些财物，并允许他在北京传教。这样，利玛窦就经常同朝廷官员接触了，他的传教活动也在北京扩大开来。

　　过了几年，徐光启考中了进士，到了北京，在翰林院做了文职官员。听说利玛窦也早已到了北京，很高兴。他认为掌握了科学，再应用到各个方面，对富国强兵有着非常大的好处，就去拜利玛窦为师，向他学习天文、地理、数学、测量、武器制造等各种科学知识。

自此以后，徐光启就时常与利玛窦交往，学习到了更多的科学知识。有一次，徐光启又到利玛窦那儿去学习，听利玛窦说西方有一本数学著作，叫《几何原本》，可惜很不容易用汉文把它翻译过来。徐光启听了说："这本书这么好，只要你肯指教，我一定要把它翻译成汉文。"利玛窦看徐光启决心很大，很受感动，也就答应了。后来，徐光启每天离开翰林院就直奔利玛窦住所，与他合作，翻译《几何原本》。利玛窦讲述，徐光启翻译记录。当时，中国还没有人翻译过国外数学著作，要把原著准确地翻译成汉文，的确不是件容易的事情。徐光启整整花了一年多时间，逐字逐句反复推敲、修改。经过他的艰苦努力，终于将《几何原本》的前六卷较为准确地翻译成汉文。后来，几何学在中国得到广泛的应用。

《几何原本》翻译完成以后，徐光启又同利玛窦和另外一个传教士熊三拔合作，翻译了测量、水利等方面的科学著作。徐光启在利玛窦那里学到了不少天文学方面的知识，他把中国古代历法与西方的天文科学结合起来，进行了深入的研究，得到了很大的提高。

徐光启在父亲病死那年，回到上海奔丧守孝。这年江南遭了大水灾，庄稼全被淹了。水退下去以后，他就帮助老百姓从福建引来一批甘薯秧苗，要大家栽种，自己在荒地上带头试种，结果获得了丰收。他看甘薯不仅福建沿海能够种植，上海也可以种植，于是就编了一本小册子，介绍如何种植甘薯。后来甘薯的种植就从福建推广到浙江一带，又很快推广到江淮流域。

徐光启不仅热心于科学，对国事也非常关心。当杨镐四路大军差点在萨尔浒（今辽宁抚顺东浑河南）全军覆没的消息传到京城以后，满朝文武官员都大为震惊，大臣们纷纷呼吁朝廷挑选强将，增加兵力，征讨后金。徐光启一连向神宗上了三道奏章，认为后金越来越强大，已明显成为明朝的最大威胁，若要挽救危险的局面，只有选出精干人才，训练新兵，才能抵抗住后金军将来可能对明朝的侵略。他自愿承担训练新兵的重任。明神宗知道他是个文官，但听说他也通军事，又有这般热忱，就批准他到通州招募训练新兵。

徐光启满怀希望，决心练好新兵，加强国防。不料朝廷各部门腐败透顶，自练兵衙门建成以后，徐光启既要不到人也要不到军饷，像热锅上的蚂蚁，急得团团转。好不容易要来一点儿军饷，就到通州检阅新兵，谁知七千新兵大多是老弱残兵。徐光启空有抱负却无法实现，只好辞去新兵衙门的职务。

明神宗死后，他的儿子朱常洛即位，就是明光宗。不久光宗也病死了，神宗的孙子朱由校即位，就是明熹宗。明熹宗执政后，又召徐光启进京。徐光启复官后，见后金对明朝的威胁越来越大，而明朝的防御能力越来越差，他又上奏朝廷，极力主张多造西洋大炮。兵部尚书却极力反对，为此，他们之间争执不休，矛盾进一步恶化，结果徐光启没有斗过那个势力大的兵部尚书，又被排挤出来。

徐光启晚年辞官回乡，在家中从事农业科学生产，并根据自己的长期研究记录写成了《农政全书》一书。

宋应星与《天工开物》

宋应星（1587—1667），字长庚，江西南昌府奉新县北乡人，是我国明代晚期著名的科学家。宋应星出身于书香世家，曾祖父宋景曾做过都察院左都御史，是明代中期重要阁臣。宋应星共有兄弟四人，他排行老三。

宋应星自幼博闻强记，资质特异，"数岁能韵语（字句押韵的语言，这里用作动词）"，有过目不忘的才能。他幼时与兄应升同在叔祖宋和庆开办的家塾中读书，一次因故起床很迟，躺在床上边听边记背文7篇。等到上馆师考问时，他能够一字不差地背诵，令馆师大为惊叹。年纪稍大，考入本县县学做庠生，熟读了经史及诸子百家，推崇张载，接受了唯物主义自然观。

万历四十三年（1615），宋应星与兄应升同赴江西南昌参加乙卯科乡试，两人同榜考中举人，他名列第三，应升第六。在当时江西的一万多名考生里面只录取83人，奉新只有宋应星兄弟二人，故称"奉新二宋"。

同年秋，兄弟二人赴京师参加次年的丙辰科会试，结果没有考中。事后得知此次考试涉嫌舞弊，状元的考卷是他人代作的。为了下次再考，他们前往江西九江府的白鹿洞书院进修。此后在万历四十七年（1619）和天启元年（1621），宋应星兄弟两次上京赶考，可惜都未能考中。45岁以后，宋应星对功名逐渐冷淡下来，开始将主要精力用于钻研与国计民生相关的科学技术，并准备着手编纂一部科技巨著。

崇祯七年（1634），宋应星出任袁州府分宜县县学教谕。在任职四年时间里，他编著了大量的著作并刊行，有《野议》《画音归正》《天工开物》《论气第八种》和《卮言十种》等。

崇祯十一年（1638），改为福建汀州府推官，是地方司法官员。

崇祯十四年（1641），调升亳州（今安徽亳州市）知州，为从五品。

崇祯十五年（1642），调任滁和道南瑞兵巡道。

崇祯十七年（1644）夏，明朝覆灭，清兵入关，他弃官归里。

清朝建立后，宋应星一直过着隐居生活，拒不出仕，在贫困中度过晚年。

英国学者李约瑟称赞宋应星是"中国的阿格里科拉"和"中国的狄德罗"。宋应星博学多才，是一位百科全书式的学者。他著作颇丰，研究领域涉及自然科学、人文科学和文学等诸方面。

《天工开物》是宋应星的主要代表作，此书刊刻于崇祯十年（1637）。书名取自《易·系辞》中"天工人其代之"及"开物成务"，强调自然力（天工）与人工的配合，即通过技术从自然资源中开发产物。

《天工开物》分上、中、下三卷，共十八章，绘图一百二十三幅。它对我国古代农业和工业生产技术进行了系统而全面的总结，内容覆盖了社会全部生产领域，是一部科技史上的百科全书。《天工开物》上卷包括《乃粒》《乃服》《彰施》《粹精》《作咸》《甘嗜》六章，涉及与农业相关的诸方面；中卷包括《陶埏（shān）》《冶铸》《舟车》《锤锻》《燔石》《膏液》《杀青》七章，内容有关工业技术；下卷包括《五金》《佳兵》《丹青》《曲蘗（niè）》及《珠玉》五章，也与工业技术相关。

《天工开物》最可贵的地方在于详尽记载了工农业生产中许多先进的科技成果，并且用技术数据给以定量解说，同时提出了一系列理论，无可置疑地成为一部科学技术的完整著作。

《天工开物》在18世纪先后传入日本和朝鲜，成为当时畅销的读物。19世纪中期，《天工开物》传入法国和德国，又传入俄国和意大利。1966年，《天工开物》被译成英文在美国出版。《天工开物》已成为世界科学经典著作，在海外广泛流传，受到高度评价。

徐霞客与《徐霞客游记》

徐霞客名叫徐弘祖，号霞客，是我国明朝杰出的地理学家。他从小爱读历史、地理一类的书籍图册。长大后，他不满朝政腐败，不愿应试科举，却立志游历祖国的名山大川，探索自然的奥秘。

1609年，徐霞客22岁那年，开始离家外出游历。他先后走遍了太湖、天台山、雁荡山、泰山、武夷山、五台山和恒山等名山。每次回家，他都跟亲友讲解各地的奇风异俗和游历中的情景。后来，徐霞客的父母都去世了，他就把全部精力扑在游历考察的事业上。

1637年，在50岁那年，他开始了一次路程长的旅行，花了整整四年时间，游遍了湖南、广西、贵州、云南四省，一直到我国边境腾冲（今云南腾冲市）。他跋山涉水，到过许多人迹罕至的地方，攀登悬崖峭壁，考察奇峰异洞。

有一次，他在湖南茶陵（今湖南茶陵县），听人说当地有个麻叶洞，洞里有神龙或者精怪，没有法术的人都不敢进去。徐霞客不信神怪，举起火把就进了洞。

村里的百姓听到有人进洞，都拥到洞口看热闹。徐霞客在洞里考察了很久，一直到火把快烧完时才出来。围在洞口的百姓看到他平安出洞，都十分惊奇，说："我们等了好久，以为你给妖精吃了呢！"

徐霞客漫游西南的时候，除了跟随身边的一个仆人外，还有一名叫静闻的和尚和他们做伴。有一次，他们在湘江乘船的时候，遇到了强盗，行李财物被抢劫一空。静闻和尚因为受伤，在半路上死去了。到最后，连身边的仆人也离他而去。但是这些挫折都没有动摇他探索自然的决心。

徐霞客在旅途中，每天晚上休息之前，都要把当天见到的和听到的详细记录下来。即使在荒山野外露宿的日子，他也总是在篝火旁，伏在包袱上坚持写日记。

1641 年，徐霞客去世了，他留下了大量日记，这实际上是他的地理考察记录。他的实地考察纠正了一些过去书中记载的错误，发现了许多过去没人记载过的地理现象。后来，人们把他的日记编成了一本《徐霞客游记》。

多尔衮迁都北京

1643 年，清太宗去世，他的九儿子福临即位，改元顺治，这就是清世祖。当时，福临才 6 岁，根本不懂事，所以，太宗死前留下遗旨，让礼亲王代善、睿亲王多尔衮、郑亲王济尔哈朗三人共同辅政。

多尔衮战功赫赫，又有心计，不久便独揽了朝廷大权。

福临即位的第二年，李自成起义军逼近北京，有个投清的明朝大学士向多尔衮提议：如今中原大乱，明朝政权岌岌可危，正是出兵夺取中原的好机会。

多尔衮觉得他的话很有道理，接受了这个建议，立刻调集各路军队，从沈阳出发。军队到达辽河的时候，多尔衮得知李自成的军队已攻下北京，崇祯帝也上吊死了，多尔衮觉得事情有点难办了，就向洪承畴征求意见。

洪承畴也是降清的明将，他是农民起义军的老对手，熟知李自成内部的情况，就对多尔衮说："李自成的军队虽然能消灭明朝，但是，他部下的许多将领之间有矛盾，是不能与大清朝的军队匹敌的，我们尽管照原计划去攻占北京。不过，进城后绝不可乱杀百姓，否则，民心不服，想在中原站稳脚跟，就不容易了。"

多尔衮欣然接受了他的意见，下令进城后士兵不准杀人掠物，否则按军纪处罚。

这时，吴三桂正好派人来讨救兵，多尔衮高兴极了，大叫"天助我也"，马上顺水推舟，答应了吴三桂的请求。本来，吴三桂有十几万军队守在关外宁远，清军要打败他也非易事，说不定还要花费一年半载。如今，多尔衮不但能长驱直入山海关，还多了个帮手，他何乐而不为呢？

在山海关，多尔衮用计打败了李自成。当多尔衮和吴三桂进城的时候，明朝官员都出来迎接。多尔衮为了瓦解起义军和明军残部，发出通令：官吏投清的，一律官升一级。他还假惺惺地为崇祯皇帝办了隆重的丧事。

1644 年，多尔衮与诸大臣商定，建都北京。十月初一，世祖祭告天地即皇帝位。世祖在沈阳即过位，这次重新举行仪式，意在宣告他是全中国的皇帝了。

顺治帝亲政

清崇德八年（1643）八月，清太宗皇太极突然逝世于盛京（今沈阳），死前没有对皇位继承问题做出任何安排。于是，清皇室内部为了争夺皇位继承权，以皇太极长子肃亲王豪格为一方，以皇太极的异母弟睿亲王多尔衮为另一方，展开了激烈的斗争。皇帝自领的两黄旗大臣以及掌握镶蓝旗的郑亲王济尔哈朗支持豪格继位；而多尔衮的同母兄弟阿济格、多铎等人以两白旗的实力为后盾，坚决拥戴多尔衮。在议政王大臣会议立嗣问题的时候，双方势力剑拔弩张，几乎发展成武装冲突。最后，为了保持清皇室内部的团结，斗争双方达成妥协，共同拥戴皇太极的第九子，年仅 6 岁的福临继承皇位，而由济尔哈朗和多尔衮共同辅政。

八月二十五日，福临即位，改明年为顺治元年。不久，济尔哈朗和多尔衮称摄政王。多尔衮机智狡诈，富于政治经验，在掌握摄政权力后积极排挤异己势力。顺治元年（1644）四月初，两黄旗内部的何洛会等人讦告豪格图谋不轨，言辞悖妄。多尔衮因而废豪格为庶人，将其心腹若干人处死，同时又奖赏两黄旗其他一些大臣，进行分化瓦解工作。此前，济尔哈朗也"主动"提出，凡事"皆先启知睿亲王，档子书名亦宜先书睿亲王名"。多尔衮的摄政地位由第二位进为首位。

四月初九，多尔衮自任"奉命大将军"，统率满蒙八旗部队三分之二及汉军全部向中原进军。清军在山海关战败李自成大顺军，于五月初二进入北京城。多尔衮因战功卓著，且为入关清军的最高统帅，其声誉和权力又有进一步的发展。关内迎降的明朝旧臣甚至只知有摄政王，而不知有顺治皇帝。这年九月顺治帝自盛京迁移至北京，于十月一日行定鼎登基礼，加封多尔衮为"叔父摄攻王"，建碑纪绩，而济尔哈朗仅被封为"信义辅政叔王"。至此，多尔衮已经成为清朝实际上的最高统治者，诸王已无力与他相抗衡。

多尔衮在集中力量推进统一全中国的进程和进行政权建设的同时，进一步培植个人势力，打击异己。其同母兄弟阿济格和多铎都在顺治元年被晋封为亲王，分别统率主力部队进攻李自成大顺军和南明弘光政权。其亲信刚林、祁充格等在朝中主持政务。而济尔哈朗则因故数次被罚，顺治四年（1647）七月又被罢辅政，多铎则进为"辅政德叔豫亲王"，取代了其地位。豪格于顺治五年（1648）三月再次被罗织罪名遭到幽禁，不久死于囚所。这年十一月，多尔衮受封为"皇父摄政王"，一切政务均出其手，而年幼的顺治帝仅"拱手以承祭祀"而已。

顺治七年（1650）十一月，多尔衮出猎古北口外，受了创伤，于十二月初九死于喀喇城。多尔衮死讯传至京城后，顺治帝诏臣民易服举丧。枢车至京，顺治帝率诸王百官缟服（身着丧服。缟，gǎo），迎于城外。数日后，追尊多尔衮为"诚敬义皇帝"，庙号成宗。但与此同时，在多尔衮临终前曾与其密谋的英亲王阿济格回京后立即被囚禁，属下被治罪。

次年正月十二日，未满十三周岁的顺治帝在太和殿行亲政礼，诸王大臣上表行庆贺礼，同日颁诏大赦。此前，顺治帝传谕议政王大臣等："朕年尚幼""遇紧要重大事情，可即奏朕，其诸细务令理政三王理之"。理政三王指济尔哈朗和端重郡王博洛、敬瑾郡王尼堪，其中以济尔哈朗辈分最高，人望最重，在后来的一段时间里，济尔哈朗对于顺治朝政治的影响是相当大的。

济尔哈朗重新握有大权后的第一个重大政治举动就是追论多尔衮之罪。顺治八年（1651）二月，原为多尔衮近侍的议政大臣苏克萨哈、护卫詹岱等首告多尔衮私备御用服饰，曾经谋篡夺位。于是济尔哈朗等大臣议定多尔衮之罪多项，顺治帝乃下诏削去其爵位，平毁墓葬，籍没家产，多尔衮的亲信多人被处死或遭到贬革。随着多尔衮被追论罪名，原来受到过多尔衮迫害和处分的人员大都乘机翻案，朝局为之一变。直到一百多年后的乾隆时代，多尔衮才得到昭雪，恢复了王爵，"世袭罔替"。

顺治帝相当早熟。在行过亲政礼之后，他表现出对政治的极大兴趣。为了能够直接阅读汉文奏章和书籍，他刻苦学习汉文，还发愤阅读了大量书籍，以吸取历代统治者治国的经验。对于以郑亲王济尔哈朗为首的皇室王公把持朝政，顺治帝颇为不满。他一方面优礼济尔哈朗，于顺治九年（1652）再次加封济尔哈朗为"叔和硕亲王"，并给予极高的评价。另一方面，也是在这年，顺治帝又谕令内三院："以后一应章奏，悉进朕览，不必启和硕郑亲王。"意图显然在于抑制济尔哈朗之权。为了加强自己的实力，顺治帝根据亲信太监吴良辅的建议，于顺治十年（1653）六月决定设置内十三衙门，部分地恢复了前明时代宦官在政治上的地位。经过多方面的努力，在顺治十年前后，顺治帝已经基本上全面掌握了国家权力。

顺治帝亲政后清朝在军事、政治和经济方面形势都相当险恶。西南军事战线于顺治九年受到前所未有的挫折；国家财政危机，民饥饷绌；满汉官僚之间和他们内部派别林立，矛盾尖锐。顺治帝根据这种局面，整顿吏治，清除朋党，在军事上采取"剿""抚"相结合的政策，对百姓也在一定程度上采取了与民休息的政策。数年之后，清朝的政治、军事局面大为改观，为不久后的"繁荣盛世"打下了基础。

三藩之乱

南明最后一个政权灭亡的那年，顺治帝已经病死，他的儿子玄烨即位，这就是清圣祖，也叫康熙帝。

康熙帝即位的时候才8岁。按照顺治帝的遗诏，由四个满族大臣帮助他处理国家大事，叫作辅政大臣。四个辅政大臣中，有个叫鳌拜，仗着自己掌握兵权，又欺负康熙帝年幼，独断专横。别的大臣和他意见不合，就遭到排挤打击。

清王朝进关后，用强迫手段圈了农民大片土地，分给八旗贵族。鳌拜掌权以后，仗势扩大占地，还用差地强换别旗的好地，遭到地方官的反对。鳌拜诬陷这些官员大逆不道，把反对他的三名地方官处死了。打那以后，康熙帝决心除掉鳌拜。他派人物色了一批十几岁的贵族子弟担任侍卫，这些少年个个长得健壮有力。康熙帝把他们留在身边，天天练摔跤。鳌拜进宫去，常常看到这些少年吵吵嚷嚷在御花园里摔跤，只当是孩子们闹着玩，一点儿也没在意。

有一天，鳌拜接到康熙帝命令，要他单独进宫商量国事。鳌拜像平常一样大模大样进宫去。刚跨进内宫的门槛，忽然一群少年拥了上来，围住了鳌拜，有的拧胳膊，有的拖大腿。鳌拜虽然是武将出身，力气也大，可是这些少年人多，又都是练过摔跤的，鳌拜敌不过他们，一下子就被打翻在地。任凭他大声叫喊，也没有人搭救他。鳌拜被抓进大牢，康熙帝马上要大臣调查鳌拜的罪行。大臣们认为，鳌拜专横跋扈，擅杀无辜，罪行累累，应该处死。康熙帝从宽发落，把鳌拜的官爵革了。康熙帝用计除掉了鳌拜，朝廷上下都很高兴。一些原来比较骄横的大臣知道这个年轻皇帝的厉害，也不敢在他面前放肆了。

康熙帝亲自执政后，大力整顿朝政，奖励生产，惩办贪污，使新建立的清王朝渐渐强盛起来。当时，南明政权虽然已经灭亡，但是南方有三个藩王却叫康熙帝十分担心。这三个藩王本来是投降清朝的明军将领，一个是引清兵入关的吴三桂，一个叫尚可喜，一个叫耿仲明。因为他们帮助清朝消灭南明，镇压农民军，清王朝认为他们有功，封吴三桂为平西王，驻防云南、贵州；尚可喜为平南王，驻防广东；耿仲明为靖南王，驻防福建，合起来叫作"三藩"。

三藩之中，又数吴三桂最强。吴三桂当上藩王之后，十分骄横，不但掌握地方兵权，还控制财政，自派官吏，不把清朝廷放在眼里。康熙帝知道要统一政令，三藩是很大的障碍，一定得找机会削弱他们的势力。正好尚可喜年老，想回辽东老家，上了一道奏章，要求让他儿子尚之信继承王位，留在广东。康熙帝批准尚可喜告老，但是不让他儿子接替平南王爵位。这样一来，就触动了吴三桂、耿精忠（耿仲明的孙子），他们想试探一下康熙帝的态度，假惺惺地主动提出撤除藩王爵位、回到北方的请求。

这些奏章送到朝廷，康熙帝召集朝臣商议。许多大臣认为吴三桂他们要求撤藩是假的，如果批准他们的请求，吴三桂一定会造反。康熙帝果断地说："吴三桂早有野心，撤藩，他要反；不撤，他迟早也要反，不如来个先发制人。"接着，就下诏答复吴三桂，同意他撤藩。诏令一下，吴三桂果然暴跳如雷。他自以为是清朝的开国老臣，现在年纪轻轻的皇帝居然撤他的权，是非反不可了。

公元 1673 年，吴三桂在云南起兵。为了笼络民心，他脱下清朝王爵的穿戴，换上明朝将军的盔甲，在永历帝的墓前假惺惺地痛哭一番，说是要替明王朝报仇雪恨。但是，人们都记得很清楚，把清兵请进中原来的是吴三桂；最后杀死永历帝的，还是吴三桂。现在他居然打起恢复明朝的旗号来，还能欺骗谁呢？吴三桂在西南一带势力大，一开始，叛军打得很顺利，一直打到了湖南。他又派人跟广东的尚之信和福建的耿精忠联系，约他们一起叛变。这两个藩王有吴三桂撑腰，也反了。历史上把这件事称作"三藩之乱"。

三藩一乱，整个南方都被叛军占领。康熙帝并没有被他们吓倒，一面调兵遣将，集中兵力讨伐吴三桂；一面停止撤销尚之信、耿精忠的藩王称号，把他们稳住。尚之信、耿精忠一看形势对吴三桂不利，又投降了。

吴三桂开始打了一些胜仗，后来清兵越来越多，越打越强，吴三桂的力量渐渐削弱，处境十分孤立。经过八年战争，他知道自己支撑不下去了，连悔带恨，生了一场大病断了气。公元1681年，清军分三路攻进云南、昆明，吴三桂的孙子吴世璠自杀。清军最后平定了叛乱势力，统一了南方。

但是，正在朝廷庆祝平定叛乱胜利的时候，在我国东北边境又传来沙皇俄国侵犯边境的消息，这就使康熙帝不得不把注意力放到北方边境上面去。

郑成功收复台湾

隆武帝（朱聿键）在福州建立政权之后，他手下大臣黄道周是个真心抗清的人，一心想帮助隆武帝出师北伐。但是掌握兵权的郑芝龙只想保存自己的实力，不愿出兵。过了一年，清军进军福建的时候，派人向他劝降。郑芝龙贪图富贵，就抛弃了隆武帝，向清朝投降，隆武政权也灭亡了。

郑芝龙有个儿子叫郑成功，当时是个才22岁的青年将领。郑芝龙投降清朝的时候，郑成功苦苦劝阻他父亲。后来，他眼见父亲执迷不悟，气愤之下，就单独跑到南澳岛招募了几千人马，坚决抗清。清王朝知道郑成功是个能干的将才，几次三番派人诱降，都被郑成功拒绝了。清将又派他弟弟带了郑芝龙的信劝他投降。他弟弟说："你如果再不投降，只怕父亲性命难保。"

郑成功坚决不动摇，写了一封回信，跟郑芝龙断绝了关系。

郑成功兵力渐渐强大起来，建立了一支水师。他跟抗清将领张煌言联合起来，乘海船率领水军十七万人开进长江，进攻南京，一直打到南京城下。但是清军用假投降的手段欺骗他。郑成功中了清军的计，最后打了败仗，又退回厦门。

郑成功回到厦门，清军已经占领了福建大部分地方，他们用封锁的办法，要福建、广东沿海百姓后撤四十里，断绝对郑军的供应，想困死郑成功。郑成功在那里招兵筹饷，都遇到困难，就决定向台湾发展。

台湾自古以来就是我国的领土。明朝末年，欧洲的荷兰人趁明王朝腐败无能，霸占了台湾的海岸，修建城堡，向台湾人民勒索苛捐杂税。台湾人民不断反抗，遭到了荷兰侵略军的镇压。

郑成功少年时期就跟随他父亲到过台湾，亲眼看到台湾人民遭受的苦难，早就想收复台湾。这一回，他下决心赶走侵略军，就下命令要他的将士修造船只，收集粮草，准备渡海。

恰好在这时候，有一个在荷兰军队里当过翻译的何廷斌，赶到厦门见郑成功，劝郑成功收复台湾。他说，台湾人民受侵略军欺侮压迫，早就想反抗了。只要大军一到，一定能够把敌人赶走。何廷斌还送给郑成功一张台湾地图，把荷兰侵略军的军事布置都告诉了郑成功。郑成功有了这个可靠的情报，进攻台湾的信心就更足了。

公元 1661 年 3 月，郑成功要他儿子郑经带领一部分军队留守厦门，自己亲率两万五千名将士，分乘几百艘战船，浩浩荡荡从金门出发。他们冒着风浪，越过台湾海峡，在澎湖休整几天，准备直取台湾。这时候，有些将士听说西洋人的大炮厉害，有点害怕。郑成功就把自己乘坐的战船排在前面，鼓励将士说："荷兰人的红毛火炮没什么可怕的，你们只要跟着我的船前进就是了。"

荷兰侵略军听说郑军要进攻台湾，十分惊慌。他们把军队集中在台湾和赤嵌（今台南市中西区）两座城堡，还在港口沉了好多破船，想阻挡郑成功的船队登岸。

郑成功叫何廷斌领航，利用海水涨潮的时机，驶进了鹿耳门（位于今台南市安平镇西北），登上台湾岛。

台湾人民听到郑军来到，成群结队推着小车，提水端茶，迎接亲人。躲在城堡里的荷兰侵略军头目气急败坏地派了一百多个兵士冲来，郑成功一声号令，把敌军紧紧围住，杀了一个敌将，敌兵也就溃散了。

侵略军又调动一艘最大的军舰"赫克托号"，张牙舞爪地开了过来，阻止船只继续登岸。郑成功沉着镇定，指挥他的六十艘战船把"赫克托号"围住。郑军的战船小，行动灵活。郑成功号令一下，六十多只战船一齐发炮，把"赫克托号"打中起了火。大火熊熊燃烧，把海面照得通红。"赫克托号"渐渐沉没下去，还有三艘荷兰船一看形势不妙，吓得掉头就逃。

荷兰侵略军遭到惨败，龟缩在两座城里不敢应战。他们一面偷偷派人到巴达维亚去搬救兵，一面派使者到郑军大营求和，说只要郑军肯退出台湾，他们宁愿献上十万两白银慰劳。

郑成功扬起眉毛，威严地说："台湾本来是我国的领土，我们收回这地方，是理所当然的事，你们如果赖着不走，就把你们赶出去！"

郑成功喝退荷兰使者，派兵猛攻赤嵌。赤嵌的敌军还想顽抗，一时攻不下来。有个当地人给郑军出个主意说：赤嵌城的水都是从城外高地流下来的，只要切断水源，敌人就不战自乱。郑成功照这个办法做了，不出三天，赤嵌的荷兰人果然乖乖地投降。

盘踞台湾城的侵略军企图顽抗，等待救兵。郑成功决定采取长期围困的办法逼他们投降。在围困八个月之后，郑成功下令向台湾城发起强攻。荷兰侵略军走投无路，只好扯起白旗投降。公元1662年年初，侵略军头目被迫到郑成功大营，在投降书上签了字后，灰溜溜地离开了台湾。

郑成功从荷兰侵略者手里收复了我国神圣领土台湾，成为我国历史上杰出的民族英雄。

雅克萨之战

野心勃勃的沙皇俄国是怎样侵略我国东北的呢？原来在明朝末年，清朝正忙着进关，把北方边境的军事防备放松了，强大的沙皇俄国趁机向我国东北部黑龙江进犯。他们在我国境内疯狂掠夺财物，残忍杀害人民，遭到我国各族人民的奋起反抗。清朝进关后，派兵攻打沙俄侵略军，收复了被俄国占领的黑龙江北岸的雅克萨（在今黑龙江呼玛西北，漠河以东的黑龙江北岸）。

当康熙帝为了平定三藩叛乱而把大批兵力调到西南去的时候，有个俄国逃犯带了八十四名匪徒窜到我国雅克萨地区，在那里筑起堡垒，四处烧杀抢掠。他们把抢来的貂皮等贵重物品献给沙皇，沙皇不但赦免了这个逃犯的罪，还派他当了雅克萨长官，想让俄国永远霸占我国土地。

康熙帝刚刚平定了三藩之乱，又听到东北边境遭到俄国侵犯，怎能不气愤至极？为了弄清敌情，他亲自带兵来到沈阳，一面派将军彭春、郎谈借打猎为名到边境进行侦察，一面要当地官员修造战船，建立城堡，积蓄力量，准备征讨敌人。

康熙帝做好一切准备之后，就派人送信给雅克萨的俄军头目，命令他趁早迅速退出雅克萨。没想到，沙俄军不但不肯退出，反而又向雅克萨增派援兵，摆开阵势，想要跟清朝对抗。眼看和平解决雅克萨问题已经不可能了，康熙帝就发出进军的命令。

公元 1685 年，康熙帝派彭春为都统，率领陆军水军一万五千人，浩浩荡荡地开到雅克萨城下，把雅克萨严严实实地包围了起来。

沙俄军队经过几年的精心准备，把城堡修得十分牢固。彭春在经过细心观察地形之后，便下令在城南筑起土山，让兵士站在土山上不断往城里放弩箭。城里的俄军以为清兵要在城南进攻，就把兵力拉到城南去驻守，哪知道清军却在城北隐蔽地方放了一些火炮，乘城北敌人防守空虚，突然轰起炮来。炮弹在城头呼啸着飞向城里，敌人的城楼被炮弹击中了，熊熊燃烧起来。

天色这时已经渐渐发白，清军又在城下堆起大量柴草，准备放火烧城。俄军头目这才吓慌了神，在城头上扯起白旗向清军举手投降。

按照康熙帝的事前嘱咐，彭春把投降的俄军全部释放了，勒令他们马上撤回本土。俄军头目托尔布津哭丧着脸，带着残兵败将走了。

俄军撤走后，彭春命令兵士把雅克萨城堡全部拆毁，让百姓在城外耕种，然后带着军队回到瑷珲城。

但是，遭到惨败的俄军头目并没有死心，他们打听到清军撤军的消息，过了不久，又带兵偷偷溜回雅克萨，并且把城堡修筑得更加坚固。

边境告急的警报再次传到了北京，康熙帝决定这次一定要把侵略军彻底消灭。第二年夏天，黑龙江将军萨布素奉命再一次进军雅克萨，进攻入侵的敌人。清军将士想到从他们手里放走的敌人又来了，恨不得马上把他们消灭得一干二净。这一次，清军攻城的炮火更加猛烈无比，俄兵几次出城反扑，都被清军坚决地打了回去。俄军的守城头目托尔布津中弹死去，留下来的一批侵略军不得不躲到地窖里。但是没几天，俄军兵士病的病，死的死，最后只剩下了一百五十人。

这时，沙俄政府慌忙派使者赶到北京，要求同清政府进行议和谈判，康熙帝才下令停止攻城。

1689 年，中国政府派出代表索额图，沙俄政府也派出戈洛文做代表，中俄双方在尼布楚举行和谈，并明确地划分了两国边界，肯定了黑龙江和乌苏里江流域的广大地区都是中国领土，这就是《尼布楚条约》。

康熙亲征噶尔丹

在《尼布楚条约》签订后的第二年，沙俄政府不甘心失败，又唆使准噶尔（蒙古族的一支）的首领噶尔丹向漠北蒙古进攻。

那时，蒙古族分为漠南蒙古、漠北蒙古和漠西蒙古三个部分。除了漠南蒙古已归属清朝外，其他两部也都向清朝臣服了。准噶尔部是漠西蒙古的一支，本来在伊犁一带过着游牧生活。自从噶尔丹统治准噶尔部以后，他先兼并了漠西蒙古的其他部落，又向东进攻漠北蒙古。漠北蒙古人逃到漠南，请求清朝政府保护。康熙帝派使者到噶尔丹那里，叫他把侵占的地方还给漠北蒙古。噶尔丹依仗沙俄撑腰，不但不肯退兵，还大举进犯漠南。

康熙帝决定亲征噶尔丹。1690年，康熙帝兵分两路：左路由抚远大将军福全率领，从古北口出兵；右路由安北大将军常宁率领，从喜峰口出兵，康熙帝亲自带兵在后面坐镇。七月十四日，康熙帝离开北京，不料途中忽患感冒，只好取消亲征计划。

七月十五日，气焰嚣张的噶尔丹向清军宣战，屯兵于西巴尔台（今内蒙古自治区克什克腾旗土河），然后又逐步南下，占据了距京师仅有三百五十千米的乌兰布通（今内蒙克什克腾旗境内）。噶尔丹把几万骑兵集中在大红山下，后面有树林掩护，前面又有河流阻挡。他把上万只骆驼缚住四脚放倒在地，驼背上加上箱子，用湿毡毯裹住，摆成长长的一个驼城，叛军就在那箱垛中间射箭放枪，阻止清军进攻。

噶尔丹还派使者向清军提出交出他们仇人的要求。康熙帝命令福全反击。八月一日，清军向乌兰布通推进，向噶尔丹大军发起猛攻。清军用火炮火枪对准驼城的一段集中轰击。驼城被打开了缺口。清军的步兵骑兵一起冲杀过去，福全又派兵绕出山后夹击，把叛军杀得七零八落，噶尔丹乘夜逃跑。

噶尔丹回到漠北，一面佯装向清朝政府表示屈服，一面在暗地里重新招兵买马，图谋东山再起。康熙三十三年（1694），康熙帝约噶尔丹会见，订立盟约。噶尔丹不但不来，还派人到漠南煽动叛乱。

康熙三十四年（1695），噶尔丹又燃叛乱战火，率领骑兵三万，向漠南大举进攻。

康熙三十五年（1696），康熙帝决定再次御驾亲征，分三路出击噶尔丹：黑龙江将军萨布素从东路进兵；大将军费扬古率陕西、甘肃军兵，从西路出兵，拦截噶尔丹的后路；康熙帝亲自带中路军，从独石口迎击噶尔丹大军。

康熙帝的中路军到了科图，遇到了敌军前锋，但东西两路还没有到达。这时候，有人传言沙俄要出兵帮助噶尔丹。随行的一些大臣害怕起来，劝康熙帝退兵。康熙帝气愤地说："我这次出征，还没有见到叛贼就退兵，怎么向天下人交代？再说，我中路一退，叛军全力对付西路，西路不是更危险了吗？"

康熙帝决心已定，继续进兵克鲁伦河，并且派使者去见噶尔丹，告诉他康熙帝亲征的消息。噶尔丹在山头望见清军黄旗飘扬，军容整齐，便连夜拔营逃走了。康熙帝一面派兵追击，一面派快马通知西路军大将费扬古，让他们在半路上截击。

噶尔丹带兵奔走了五天五夜，到了昭莫多（在今蒙古人民共和国乌兰巴托东南），正好与费扬古军相遇。费扬古在树林茂密的地方设下埋伏，然后派先锋把叛军引到预先埋伏的地方，叛军一到，便前后夹击。叛军死的死，降的降。最后，噶尔丹只带了几十名骑兵逃走了。清军大获全胜。

昭莫多之战后，噶尔丹流窜于塔米尔河流域。为了彻底消灭噶尔丹的势力，康熙帝采取收服降众、断绝噶尔丹外援的策略，彻底孤立了噶尔丹。噶尔丹之侄策妄阿拉布坦也遣使入朝，接受了清朝的册封，噶尔丹已处于四面楚歌的境地，但他顽固不化，拒不接受清廷的招抚。

康熙三十六年（1697）二月六日，康熙帝第三次率兵亲征噶尔丹。出京城，经过山西大同、陕北府谷、神木、榆林等地，三月二十六日康熙大军抵达宁夏。这时，噶尔丹原来的根据地伊犁已经被他侄儿策妄阿拉布坦占领；他的左右亲信听说清军来到，也纷纷投降，愿意做清军的向导。噶尔丹走投无路，服毒自杀。五月十六日，康熙帝胜利回京。

从那以后，清政府重新控制了阿尔泰山以东的漠北蒙古，分封了当地蒙古贵族称号和官职。随后，又在乌里雅苏台设立将军，统辖漠北蒙古。

土尔扈特部回归祖国

土尔扈特部是厄鲁特蒙古四部之一，本来游牧于天山以北地区。大约17世纪30年代，土尔扈特部首领和鄂尔勒克率其所部及和硕特部和杜尔伯特部的一部分向西迁徙到伏尔加河下游地区。在以后的一个多世纪里，土尔扈特部逐步被沙皇俄国控制，被迫向沙皇俄国提供兵力，自身的政治事务也要受到沙俄当局的干涉。

18世纪60年代，俄土战争爆发，沙皇政府强征土尔扈特人参加战争，征战初期死伤已达七八万人。但无耻的沙俄政府计划再由土尔扈特征兵，甚至要16岁以上的男子都开赴俄土战场。这可怕的灭族之灾使得整个土尔扈特部人情汹汹，土尔扈特首领、年轻的渥巴锡汗在这种生死存亡的时刻，终于做出决定，率领全族返回祖国。

土尔扈特在伏尔加河流域期间，并没有中断同祖国的联系。他们同我国西北地区的其他厄鲁特各部始终关系相当密切。在崇祯十三年（1640）土尔扈特首领亲自参加过制定《蒙古厄鲁特法典》的会议。土尔扈特部与厄鲁特各部的婚嫁联姻也是很经常的活动。土尔扈特部与清朝中央政府也有一定的联系，在顺治和康熙朝都曾数次入贡。康熙五十一年（1712），康熙帝还派遣图理琛率使团穿越俄国，跋涉万里去看望土尔扈特部。由于同祖国有长期不断的联系，土尔扈特部始终保持着对故乡土地的眷恋，在遭到沙俄政府残酷压迫的时候，终于被迫发出了"让我们到太阳升起的地方去"的吼声，决心举族东迁。

乾隆三十五年（1770）秋，渥巴锡汗从俄土战场回到本部，同他的侄子策伯克多尔济等人秘密部署重返祖国的行动。本来议定，待伏尔加河结冰之后，河左右两岸的全体部从一起出发。但这年冬天天气温暖，河水迟迟不冻，而沙俄的斯特拉罕省当局和驻土尔扈特的使团又得到了一些土尔扈特部将要东返的消息，正在加紧对其动向的监视。在万分紧急的情况下，渥巴锡决定先率东岸的近十七万人出发。

乾隆三十六年（1771）一月四日，渥巴锡召集全体战士，控诉了沙俄对土尔扈特部的压迫，发出重返祖国的号令。第二天，全部族一万多户陆续出发，踏上征程。殿后的一万多名战士点燃了渥巴锡的木质宫殿和无数的村落，还杀死了住在那里的上千名俄国官员和商人，表示了同沙皇俄国彻底决裂的决心。

沙皇叶卡捷琳娜二世得知土尔扈特部向东迁移的消息后大发雷霆，立即派出大批哥萨克士兵进行拦截追击。土尔扈特部在越过乌拉尔河，进入哈萨克草原后，遭到哥萨克的突然袭击，损失达九千人。此后，渥巴锡率军在奥琴峡谷歼灭了一支拦截的哥萨克部队，才基本上粉碎了哥萨克的追堵。

土尔扈特部的男女老幼们驱赶着畜群，驾着马车和雪橇，带着帐篷和用具，在荒凉的草原上长途行进，遇到了无数艰难困苦。在摆脱掉哥萨克之后，哈萨克人和巴什基尔人又不断对土尔扈特的队伍进行袭击，掠夺牲畜、人口和财产。不断的战斗、艰苦的行军和疾病的流行造成土尔扈特部人口锐减，牲畜也大量死亡。在接近中国边境的时候，土尔扈特的东进队伍只剩下八九万人，而且非常饥饿疲惫，但他们以坚强的意志，继续向东方前进。

经过了半年时间，土尔扈特人终于进入了中国境内。乾隆帝对土尔扈特整部来归非常重视，在最初得到其东迁的消息后就确定了"接济产业，分定游牧"的方针。同年农历六月初，渥巴锡等人率部来到伊犁河畔，清廷特派参赞大臣舒赫德前往伊犁，主持接纳安插事宜。清廷还从各地调集了牲畜、粮食、茶叶、棉布、毡庐等大量物资，体恤历尽辛苦的土尔扈特部民。渥巴锡也在致清方的信中表明了"向居俄罗斯地，久愿为大皇帝（乾隆帝）臣仆"的心迹，希望准令入觐，以伸积诚。渥巴锡还进献了其祖先受明永乐八年汉篆封爵玉印一枚，表示归顺清朝的决心。

在归来的土尔扈特部首领中，有一个叫舍棱的，本来依附于准噶尔部，曾经参与过准噶尔部的叛乱，叛乱被平定后才率残部投奔渥巴锡。清廷中一些人对于舍棱随众归来颇存疑虑，恐怕他怀有什么诡计。乾隆帝根据当时的形势做了正确的判断，认为"归顺之事十之九，诡计之伏十之一"，决定对舍棱一体加恩，不究前罪。乾隆帝的这一系列正确措施对安定土尔扈特各首领和部众起了积极作用。

9 月，渥巴锡、策伯克多尔济、舍棱等 13 位土尔扈特部首领应召来到热河的木兰围场，觐见了正在这里的乾隆帝。乾隆帝用蒙古语亲自询问了土尔扈特部的历史情况和举族归来的经过，并命渥巴锡等人随围观猎。其时正值喇嘛教庙宇普陀宗乘之庙落成，渥巴锡等人与内蒙、喀尔喀及青海等处的各蒙古部首领一起参加了大法会。乾隆帝乘兴撰写了《土尔扈特全部归顺记》和《优恤土尔扈特部众记》，凿石竖碑，立于普陀宗乘之庙内。

嗣后，清廷封渥巴锡为卓哩克图汗，封策伯克多尔济为布廷图亲王，封舍棱为弼里克图郡王，封巴木巴尔为毕锡呼勒图郡王，其他首领也分别被授以爵位。根据分而治之的原则，清廷又将土尔扈特部众分为旧土尔扈特与新土尔扈特两部分。旧土尔扈特是和鄂尔勒克的后裔，由渥巴锡汗统领，总称乌纳恩素珠克图盟，以下又为东西南北四路，共十旗，分别在准噶尔盆地南北和西边游牧，统归伊犁将军管辖。新土尔扈特是和鄂尔勒克叔父卫衮察布察齐的后裔，由舍棱统领，为青色特启勒图盟，下分左、右二旗，在科布多（今新疆北部、蒙古国西部及苏联边境部分区）游牧，归科布多大臣管辖，定边左副将军节制。随渥巴锡归来的和硕特部恭裎一支也受到妥善安置。各部遂安居于其牧地。

雍正夺位之谜

太子胤礽（réng）被废以后，争夺皇位继承权的斗争陡然变得激烈起来，而且大批朝臣也卷入了纷争。康熙帝英明一世，却被储位问题闹得寝食难安。起初，他公开对皇子们的争夺采取压制态度，比如，以"压胜"（迷信谓用符咒等法除邪得吉）等罪名，将皇长子胤礽革爵囚禁，严厉打击积极竞争储位的皇子，然而，储位之争仍然一天天地白热化。后来，迫于形势，康熙于次年恢复了胤礽的太子地位，说他过去的行为是胤禔（zhī）等人作法"压胜"所致，是中了邪。实际上，他是对毫不理会自己谆谆告诫，结党竞争的皇子们都不满意，只好将胤礽扶还旧位，以平息储位之争。然而，胤礽一复位，立即故态复萌，不仅重新集结党羽争夺权力，而且其他皇子的活动也未停止，康熙五十一年，康熙再次废胤礽。此后，不许任何人提立储之事，他自己暗中观察，准备在适当时机选立一人。

然而，直到康熙六十一年他在畅春园驾崩，太子问题仍未解决。由于康熙朝长期储位斗争，也由于玄烨死时有许多令人生疑的现象，以及皇四子胤禛继位的出人意料，从雍正帝一登位起，社会上便流传着许多关于他继位不合法的传闻，甚至说康熙是被胤禛及其党羽害死的。这些传言不仅见于正杂诸史，而且雍正帝本人的著作中也提到这种传闻。

流传最广的一种说法是，康熙帝在弥留之际，留下遗嘱："传位十四子"，交给国舅隆科多，而执掌当时京城兵权的隆科多，正是胤禛死党，二人勾结，将"十"字改为"于"字，这样，遗诏成了

"传位于四子"，胤禛便顺利地当上了皇帝。当时，康熙准备传位的十四子胤禵（tí）还远在西北边疆，受到手握重兵的四川总督、胤禛死党年羹尧的牵制，无法发动反击，而京城中诸皇子也都被步军统领隆科多的部下监视起来。因此，雍正得以篡夺皇位，主要是依靠隆科多、年羹尧二人，隆科多是雍正生母的兄弟，即其亲舅舅，掌握着京中兵权和宫廷禁卫军，而年羹尧则是雍正的妻兄。在雍正夺位以后，隆、年二人位至极尊，权力很大，当时任官有"佟选""年选"便是由隆、年二人任命的。他们与雍正关系非常密切，但随着雍正地位的稳固，这两个掌握雍正夺位秘密的权臣，渐渐成为雍正的眼中钉。后来，雍正终于找了个借口将二人分别杀掉，应了"狡兔死，走狗烹"的俗语。

还有些说法，直接见于雍正自己写的《大义觉迷录》中。雍正编撰这本书，本来是为了驳斥当时社会上盛传的关于他继位不合法的传言，这就不免记下了当时社会上的流行说法。一种说法是："对祖皇帝（指康熙）在畅春园病重，皇上（指雍正）就进了一碗人参汤，不知如何，圣祖皇帝就崩了驾。"这里，显然是雍正在康熙的汤中下了毒，使康熙很快身亡。这时在园内的意大利人马国贤回忆当时情景时也写道：皇上驾崩之夕，园内呼号之声，不安之状，说明即使没有下毒，也一定发生了某种"突然大变"，这是可以断言的。《大义觉迷录》还说，当时社会上传说，康熙晚年已决定将皇位传给十四子胤禵，当康熙病重时，传旨急召胤禵，但这道圣旨被隆科多卡住没有传出。于是，康熙死时，胤禵还远在塞外，隆科多假传康熙旨意，立雍正为帝。还有一种猜测，说皇十四子胤禵原名胤祯，而雍正为皇四子，名胤禛，康熙遗诏的篡改，的确非常容易。雍正当时对这些传闻的反驳不太有力，所以给后人留下种种疑团。

野史中还有一种说法，传说康熙临终时召大臣入宫，久无人至。猛地一睁眼，发现皇四子胤禛立在跟前，大怒，摘下自己所佩五佛珠掷向胤禛。不久，康熙便驾崩了。胤禛拿出经过篡改的遗诏，向诸兄弟及文武百官宣布父皇已经传位给自己，并以佛珠为证。迫于他掌握宫廷禁卫军的压力，诸皇子无法反抗，就这样，他即位为帝，改元雍正。

而野史中流传最多的，却是雍正登基后，诸兄弟中有人知道他是篡位者，多有不满，于是，雍正以严刑峻法治之，最后甚至不惜骨肉相残，诸兄弟中最有实力的一些人，陆续被他残酷杀害。相传，雍正即位后，找了个借口将诸兄弟中最有实力的胤禩(sì)、胤禟(táng)削去爵位，屏于宗籍之外，仍不解恨，又将二人之名改为阿其那、塞思黑(满语：猪、狗的意思)。不久，将二人及胤礽、胤涵全部下狱幽禁。雍正手下的人又纷纷上疏指责阿其那、塞思黑等人罪状，要求将二人处死，雍正则故作不忍之状，又反复公布二人罪行。不久，二人先后死去，传说都是雍正派人暗杀的。

总的来说，关于康熙之死和雍正继位，传言甚多，主要有这样几种说法：一种是说，康熙是正常病死的，死前临时指定雍正为继承人。第二种是说，康熙是病死，他临终口谕传位十四子胤禵，而隆科多当面改为传位皇四子，康熙一气而亡。第三种，说康熙死前留下遗嘱，"传位十四子"，但被雍正与隆科多勾结，将遗嘱篡改。第四种说法，康熙为了进行祭祀而斋戒静养，与外界短暂隔绝，雍正及隆科多勾结内侍，在康熙食物中下毒。康熙毒发昏迷，隆科多乃假传圣旨召诸皇子入畅春园，实际上是将有争位可能的人，全部变相软禁起来，然后宣布捏造的遗嘱，雍正得以继位。

然而，史书正式记载却极为简略：康熙临终，召诸皇子及文武大臣，宣布："皇四子人品贵重，深肖朕躬，继朕登基，即皇帝位。"

摊丁入亩

明朝末年，由于严重的土地占有不均和繁重的赋税负担，引起了农民大起义。清朝建立以后，对赋役制度进行了不同程度的改革。康熙五十一年（1712）清朝廷开始实行"滋生人丁永不加赋"的政策，把丁税总额固定下来，减轻了人民的负担。但这一政策并未能解决丁役负担不均的问题，地方官绅往往利用人口流动等原因，把赋税转嫁到下层百姓身上。因此，改革赋役分配制度势在必行。

康熙十三年（1674），江苏布政使慕天颜曾在苏、松、杭、嘉四府，准备实行均田役法，即把县中土地均摊各里、各甲，由土地的多少决定丁役的多少。康熙二十年（1681），直隶乐宁县知县于成龙也提出实行均田均丁法，以使富户增加、贫者减轻负担。其后，湖南安乡县也部分实行了"地丁随粮摊"的尝试。但最早正式提出"摊丁入亩"主张的，是康熙五十二年（1713）御史董文燧，建议"统计丁粮，按亩均派"。虽然户部没有采纳，后来却允在广东、四川先做试行。康熙五十五年（1716），广东正式将丁银在田亩中分摊。稍晚，他将"田载丁而输纳，丁随田而买卖"的办法付诸实行。

根据直隶总督李维均的奏请，雍正元年（1723）雍正帝向全国正式颁布诏令，实行摊丁入亩制度；但各省的实际实行则先后不一，持续五十年之久。雍正二年（1724），直隶、福建省实行；雍正三年（1725），山东省实行；雍正四年（1726），云南、河南、陕西、浙江、甘肃省实行；雍正五年（1727），江苏、安徽、江西省实行；雍正六年（1728），湖南、广西实行；雍正七年（1729），湖北省实行；乾隆元年（1735），山西省实行；乾隆四十二年（1776），贵州省实行。省内各州县之间，实行时间也有较大差距。如福建省于雍正二年宣布实行，但一些州县一直迟迟未行，拖延十数年之久。

"摊丁入亩"的具体做法，就是把一县的丁役银钱总额，分别摊入到该县的每亩土地中去。从土地田赋中征收，而不再按人头征收。各省地亩摊丁平均数字，湖南省最高，一些县达到八钱六分一厘，因其是"以粮石载了"征收。其次是福建、山西等商业较发达的部分州县，丁多地少，所以每亩数较高。

"摊丁入亩"制度的实行，实际上废除了人头税，只按土地的单一标准收税。它的实行，简化了税收的原则和手续，取消了征税的双重标准，是赋役制度史上的重大改革，从而使无地少地的农民得到一些好处，也减少了地方官绅利用人口数字贪污中饱的机会。同时，废除了人口的丁役，使地方的人身依附得到松弛，为人口的流动提供了条件，但不再对人丁征役，也在客观上促进了人口的盲目增长。

摊丁入亩的实行，把农民负担的一部分赋税转摊到地主身上，因此，也遭到不少地主官僚的反对。早在正式颁布之前，康熙四十年（1701）浙江布政使赵申乔就坚决反对过"按粮户田数之乡多寡，定人丁之等则，光丁豁除"的征税办法，主张"地丁原属两项，似不应地上加丁"。他还下令镇压了宁波府"倡照地派丁之说，与巨室（世族大家、富家）相持"的百姓。雍正元年"摊丁入亩"在全国实行后，各地的反对也随之激烈，浙江"田多丁少之土棍（地方上的无赖、恶棍）"煽动数百人，"齐集巡抚衙门，喊叫阻挡摊丁"，巡抚法海只得令官员"暂缓均摊之议"。雍正六年，"摊丁入亩"在浙江已实行两年，钱塘、仁和两县的地主又强迫佃户交租时，"每亩米加二升，银加二分，以助产主完丁之费"。同时，直隶肃宁县的地主也借"摊丁入亩"之际，把佃户的地租每亩增加二分。直到乾隆二十二年（1756），官员胡泽潢在奏疏中还认为"丁粮摊入地亩，永不加赋"是造成户口不实的原因，坚决反对实行这一制度。另一方面，下层人民为了维护自身利益，也与破坏这一制度的官员地主进行了坚决的斗争。雍正三年，杭州"有丁无田，情愿均摊"的农民，联合无地的工商业者，抗议巡抚法海对少数地主的退让，他们围着衙门吵闹，发动罢市，一直闹到法海被撤职，又拥入知县衙门继续斗争。

"摊丁入亩"制度的实行，废止了几千年以来压在人民头上的丁役，对于促进生产力的发展起到了一定的积极作用。

改土归流

雍正年间，清政府在西南大部地区废除当地各少数民族中普遍实行的世袭土司制度，按内地制度重新建立行政区划，委派有任期的"流官（明清时朝廷派遣到川、滇、黔等少数民族地区的地方官，因其有一定任期，非世袭、非土著，有流动性，故称"流官"）"进行直接统治，大大加强了中央政府对这些地区的控制，史称"改土归流"。

　　自元代以来，中央王朝一直在我国西南部云南、贵州、广西、四川、湖南等地苗、瑶、壮、白、彝、藏等少数民族聚居地区推行土司制度。土司制度是中央政府对这些地区在实现了军事征服或政治臣服之后，推行"羁縻"，是与当地少数民族经济落后，社会发展水平低下相适应的。根据不同地区的具体情况，土司制度又分为土司、土官两种。土司是指由当地少数民族首领组成世袭的宣慰司、宣抚司、安抚司、镇抚司、长官司等，虽然接受中央王朝封赐的官爵名号，但因其治内的土地和人民均归其所有，故实际上属于割据一方的地方政权，土官指按内地行政制度设立府、州、厅、县等地方机构，委派当地少数民族首领、头人等担任土知府、土知州等，往往也是具土官之名，行土司之实。随着西南各少数民族地区社会经济的不断发展，与中原地区政治、经济、文化各方面联系的日益加强，土司制度越来越成为当地生产发展和社会进步的障碍，更不利于多民族国家的统一，因此，自明代开始，中央政府即在一些条件成熟的地区推行改土归流政策，但规模很小，影响有限，未能造成整个西南少数民族地区行政制度的重大改变。一些土司辖地数百里，拥兵以万计，对治下人民取予随心，生杀任性，残酷压榨，疯狂掠夺，"一年四小派，三年一大派""土司一日为子娶妇，而土民三载不敢婚姻"。有些地区虽已实行了改土归流，但因土司制度根深蒂固，仍是"土目盘踞，文武官寓省城，膏腴四百里无人敢垦"。

　　明末清初以来，中原地区与边远地方的联系进一步密切，特别是大批汉族人民进入西南少数民族地区进行屯垦，带去了先进的生产技术和生活方式，对当地落后的土司制度起到巨大的冲击作用，使越来越多的人要求脱离土司制度的束缚。但因清初中央政府忙于国家的统一和抵抗沙俄入侵，一时无暇顾及西南地区行政制度的改革，使土司制度得以沿袭下来。雍正年间，清廷统治力量大为增强，初步解决了北方的民族叛乱和沙俄入侵问题，遂开始对西南少数民族地区进行大规模的改土归流。雍正四年（1726），云贵总督鄂尔泰上疏请求将原属四川的东川、乌蒙、镇雄三大土府就近划归云南，实行改土归流，随即在云南、贵州、四川、广西、湖南等广大地区普遍推行。据不完全统计，雍正一朝，西南区改流的土府、土州、宣抚司、安抚司、长官司、招讨司等多达六十余个，由清朝政府分别设置府、厅、州、县等行政机构，委派有任期、非世袭的流官进行管理，大大加强了中央政府对该地区的控制。在推行改土归流过程中，主持其事的鄂尔泰等人针对各地的不同情况分别采取了和平招抚和武力镇压两种策略。大致看来，广西、四川、湖南等地多以招抚为主，而在云南、贵州两省，则曾大规模用兵镇压。

贵州为苗族聚居地区，清王朝统治较为薄弱。特别在以古州（位于贵州省榕江县境东南部）中心的三千里苗疆、一千三百多处苗寨，十多万苗民不服清廷管辖。此处土地肥沃，物产丰富，与外界极少联系。雍正四年（1726），清军进攻广顺府长寨等地，镇压了当地苗民的反抗，强迫其剃发易服，并推行保甲，稽查户口，又乘胜招抚了广顺、定番、镇宁、永宁、永丰、安顺等地一千余处苗寨。随即，清军进兵黔东苗岭山脉和清江、都江流域苗疆，相继占领古州、台拱（今台江）、清江（今剑河）、都江、丹江（今雷山）、八寨（今丹寨）等地，讨平了不肯降服的苗寨，设官管辖，驻兵镇守，从而开辟了通向湖南、广东的水陆交通。但是，由于清廷派驻当地的文武官员肆意欺压苗民，敲诈勒索，引起广大苗族人民的强烈不满。雍正十三年（1735），清江、台拱地区苗民奋起反抗清王朝的残暴统治，攻陷凯里（今黔东南苗族侗族自治州下辖县级市）、黄平州（位于贵州省，国家级重点文物保护单，现存大部分建筑为明清建筑），震动了整个苗疆。清廷派刑部尚书张照率兵前往镇压。张照一向反对鄂尔泰等人推行的改土归流政策，又不懂军事，以致旷日持久，师劳无功。刚刚即位不久的乾隆帝下令罢黜张照，改派以前平苗有功的张广泗前往贵州负责苗疆事务。张广泗分兵三路，对各地生、熟苗民进行大肆屠杀，焚毁苗寨一千二百余处，擒斩苗民数万人，镇压了当地苗民的反抗斗争，并在贵州各地强行改土归流，加强了清王朝对该地区的统治。

云南是土司势力较强大的地区。一些顽固的土司、土官，为维护其传统的世袭统治地位和种种特权，竭力反对清政府的改土归流措施，甚至不惜发动武装叛乱。雍正八年（1730），乌蒙（今云南昭通）土司禄鼎坤利用当地彝民对镇守乌蒙的清军总兵刘起元贪黩暴戾、军纪败坏的不满情绪，率其族人禄鼎新、禄万福等发动叛乱，杀死刘起元，攻陷乌蒙，周围东川（今云南会泽）、镇雄（隶属今云南省昭通市）、威宁（位于贵州省境西北部）等地大小土司、土目纷纷响应。叛乱者袭杀塘兵，劫夺粮运，拆毁桥梁，阻断要隘，给正在进行的改土归流造成极大破坏。鄂尔泰调集清军一万余人，分兵两路进行镇压：总兵魏翥（zhù）国攻东川，哈元生攻威宁，参将韩勋攻镇雄。鄂尔泰亲自督阵，经过激烈战斗，终于将叛乱平定下去，保证了当地改土归流的顺利进行。在滇南，清廷革除了镇沅（云南省普洱市下辖县之一）、沾益州（隶属云南省曲靖市）、赭乐、威远、广南（云南省文山州下辖县）等地的土司、土目，派同知刘洪度暂客镇沅府事务。土目刀如珍不肯交出所占民田，煽动当地彝民杀死刘洪度，发动叛乱。清廷派兵镇压，将已革土司、土目全部徙往外省安置，然后进军澜沧江下游，连破险隘，直抵孟养，除江外、车里（治所在今云南景洪，辖境大部分相当今西双版纳傣族自治州）等地土司依然保留外，其余全部改流，升普洱为府，驻兵防守。

广西为壮族聚居地区，全省有土官一百五十余人，以泗城（治所在今广西凌云西南）土知府岑映宸最为强横，经常"纵其众出掠"。清廷派兵往讨，强迫其交出敕印，迁往浙江。思明州土知府黄观珠因无力管束各寨头人，主动请求将洞郎等五十村寨改归流官管辖。柳州、思恩（今广西平果县旧城）、庆远（清辖境相当今广西宜山、东兰、忻城、环江、河池等县地）等地壮族人民不堪当地土目压榨，争相向清廷请兵，迫使土官、土目交出武器印信。至雍正后期，广西全省大部分土司、土目统治地区实现了改土归流。

湖南土司统治地区因距内地较近，故并不十分闭塞，其土司、土官等不仅招纳汉民垦田纳粮，甚至还在城市中经营工商业。在改土归流的冲击下，湖南十万苗民声称对当地土司、土官的欺凌迫害难以忍受，向清廷请求入籍为民。于是清廷乘机强迫永顺、桑植（隶属今湖南省张家界市）、保靖（隶属于湘西土家族苗族自治州，位于云贵高原东侧）、容美（位于今湖北省恩施州鹤峰县）四大土司交出印信、土地，其他地区的土司、土官也因为无力镇压本地人民的反抗，请求改土归流。清廷遂于湘西地区设置府、州、厅、县，顺利实现了改土归流。

四川凉山为彝族聚居地区，清廷于云南、贵州改土归流的同时，也派兵进入凉山地区，在沙马、雷波（隶属于四川省凉山彝族自治州）、吞都、黄螂、建昌等地设置营垒，派遣流官，革除了当地部分土司、土官。

清王朝在西南少数民族地区普遍推行的改土归流措施，限制和部分取消了各地土司的割据势力和特权地位，加强了中央政府对西南少数民族地区的控制，有利于当地的经济发展和社会进步，密切了各族人民之间的经济、文化联系，巩固了多民族国家的统一。但是，由于清政府的民族压迫和民族歧视政策，特别是在平定土司叛乱过程中对各地人民的残酷屠杀，也给各少数民族人民带来了巨大的灾难。

清代文字狱

清朝统治者对明朝留下来的文人，一面采取招抚的办法，一面对不服统治的，采取了严厉的镇压手段。就在康熙帝即位的第二年，有官员告发，浙江湖州有个文人庄廷，私自召集文人编辑

《明史》，里面有攻击清朝统治者的语句，还使用南明的年号。这时候，庄廷已死去，朝廷下令，把庄廷开棺戮尸，他的儿子和写序言的、卖书的、刻字的、印刷的以及当地官吏，被处死的处死，充军的充军。这个案件，一共株连到七十多人。

1711年，又有人告发，在翰林官戴名世的文集里，对南明政权表示同情态度，又用了南明的永历帝的年号，朝廷就下令把戴名世打进大牢，判了死刑。这个案件牵连到他的亲友和刻印他文集的人，又有三百多人。

因为这些案件完全是由写文章引起的，就管它叫"文字狱"。

康熙帝死后，他的第四个儿子胤禛即位，这就是清世宗，又叫雍正帝。雍正帝是一个残暴成性、猜忌心又很重的人。在他的统治下，文字狱更多更严重。最出名的是吕留良事件。

吕留良是一个著名学者。明朝灭亡以后，他参加反清斗争没有成功，就在家里收学生教书。有人劝他去参加科举考试，他坚决拒绝了。官员劝他不听，威胁他也没用。后来他索性跑到寺院里，剃光了头当和尚，官员们也拿他没办法。

吕留良当了和尚之后，躲在寺院里著书立说。书里面有反对清朝统治的内容。幸好书写成了，没有流传开去，吕留良死了，更没被人注意。

有个湖南人曾静偶然见到吕留良的文章，对吕留良的学问十分敬佩，就派了个学生张熙，从湖南跑到吕留良的老家浙江去打听他遗留下来的文稿。

张熙一到浙江，不但打听到文稿的下落，还找到吕留良的两个学生。张熙跟他们一谈，很合得来。他向曾静汇报后，曾静也约两人见了面，四个人议论起清朝统治，都十分愤慨。大家就秘密商量，怎么想办法推翻清王朝。

他们懂得，光靠几个读书人办不了大事。后来，曾静打听到担任陕甘总督的汉族大臣岳钟琪，掌握很大兵权，因为讨伐边境叛乱的时候立了战功，受到雍正帝重用。他想，要是能劝说岳钟琪反清，成功就大有希望。

曾静写了一封信，派张熙去找岳钟琪。岳钟琪接见张熙，拆看来信，见是劝说他反清的，大吃一惊，问张熙说："你是哪里来的，胆敢送这样大逆不道的信。"

张熙面不改色地说："将军跟清人是世仇，您难道不想报仇？"

岳钟琪说："这话从哪儿说起？"

张熙说："将军姓岳，是南宋岳飞的后代，现在的清朝皇帝的祖先是金人。岳王当年被金人勾结秦桧害死，千古称冤。现在将军手里有的是人马，正是替岳王报仇的好机会呢。"

岳钟琪听了，马上翻了脸，吆喝一声，把张熙打进监牢，并且要当地官吏审问张熙，追查是什么人指使他的。

张熙受尽种种酷刑，就是不招，说："你们要杀要剐都可以，要问指使人，没有！"岳钟琪心想，这个张熙是个硬汉，光使硬的治不了他，就另想一个软的办法。第二天，他把张熙从牢里放出来，秘密接见了他。岳钟琪假惺惺地说，昨天的审问，不过是试探，他听了张熙的话，十分感动，决心起兵反清，希望张熙帮他出主意。

张熙开始不相信，禁不住岳钟琪装得郑重其事，还真的赌咒发誓，才相信了他。张熙无话不谈，把他老师曾静怎样交代的话都抖了出来。

岳钟琪得了张熙提供的情况，一面派人到湖南捉拿曾静，一面立刻写了一份奏章，把曾静、张熙怎样图谋造反的情节，一五一十报告了雍正帝。

雍正帝接到报告，又气又急，立刻下命令把曾静、张熙解送到京城，严刑审问。这时候，张熙才知道上了岳钟琪的大当，要不招也不行了。雍正帝再一查，知道曾静还跟吕留良的两个学生有来往。

这样，案子就牵连到吕留良家。吕留良已经死了，雍正把吕留良的坟挖了，棺材劈了，还不解恨，又把吕留良的后代和他的两个学生满门抄斩。还有不少相信吕留良的读书人也受到株连，被罚到边远地区充军。

像这样的案子还是真由反对朝廷的活动引起的。另外有不少文字狱，完全是牵强附会，挑剔文字过错，甚至为了一句诗、一个字也惹出大祸。有一次，翰林官徐骏在奏章里，把"陛下"的"陛"字错写成"狴（bì，传说中的兽名，古代牢狱门上绘其形状，故又用为牢狱的代称）"字，雍正帝见了，马上把徐骏革职。后来再派人一查，在徐骏的诗集里找出了两句诗："清风不识字，何事乱翻书？"挑剔说这"清风"就是指清朝，这一来，徐骏犯了诽谤朝廷的罪，从而又被处以极刑。

纂修《四库全书》

乾隆皇帝是个好大喜功的人，想当一个空前伟大的皇帝。他在位期间又是清朝的鼎盛时期，这就更使他踌躇满志，下决心要干出几件大事来。

恰好在这时候，翰林院的一些翰林提出了一个重大的建议，他们觉得明朝的《永乐大典》虽然保存了许多当时已经散失的古籍，可《永乐大典》是一部类书，它把许多珍贵的文献拆散，分类容纳。这样虽然便于人们按专题查阅，但无法看清许多书籍的全貌。有些官员就上书乾隆皇帝，建议把这些书抄写还原。

这时候国库充足，有钱办这件事。再说，乾隆皇帝也愿意通过编纂图书把国内著名学者笼络在身边，免得他们再在社会上散布不利于清朝统治的言论。于是，在乾隆三十八年（1773），他干脆下令，编一部规模空前的丛书，取名叫《四库全书》。朝廷上下闻风而动，很快成立了《四库全书》馆，很多朝廷官员都参加了进来。总裁由乾隆皇帝的几个儿子和大学士担任，副总裁由六部尚书和侍郎担任，还有总纂、总校等大大小小的官员，共三百六十人。再加上负责抄写和打杂的，先后共组织了三千八百多人。

我国古代的图书典籍浩如烟海。《四库全书》馆的大小官员、差役不分酷暑寒冬，一方面竭力搜求、挖掘各种书籍，一方面细心抄写、校对。他们从两万多卷的《永乐大典》中把零星材料一段一段地抄出，拼凑起来，恢复了五百多部珍贵的文献，这些文献，被称为《永乐大典》本。另外，还有敕撰（奉敕命编撰）本、内廷本（皇宫里明朝以来的藏书）、采进本（各省先后买进的图书）、私人进献本。

《四库全书》馆的官员按前例，进行分类整理。他们花了整整十年工夫，到乾隆四十七年（1782）才编成这部大丛书。这部大丛书收三千四百七十五部书，共有七万九千卷。

乾隆皇帝不惜工本，编成这样一部大丛书，保存了许多珍贵文献，本来是件好事，可他出于阶级和民族的偏见，又借此机会销毁了许多图书。按朝廷规定，凡是涉及明末清初历史而又不利于清朝的书籍，都销毁了。甚至宋朝人谈到辽、金、元，提倡民族大义的书，也都烧得一干二净。更可笑的是，有的书根本不涉及政治，如顾炎武的《音学五书》，也被连版销毁了。被销毁的书中，有些还侥幸保存了一个书目。当时"存目"的书就有六千七百多部，九万三千五百多卷。没有留下书目而被朝廷销毁的书，那就无法计算了。《四库全书》编成后，为了整齐美观，一律手抄，先后抄成正本七份，底本一份。朝廷又特地在北京、热河、沈阳、杭州、扬州等地修建起文渊阁（位于北京故宫博物院东华门内文华殿后，是紫禁城中最大的一座皇家藏书楼）、文源阁（在北京西郊的圆明园遗址中）、文津阁（避暑山庄）、文溯阁（在沈阳故宫院内）、文澜阁（位于杭州西湖孤山南麓，浙江省博物馆内）、文宗阁（位于江苏镇江金山寺）、文汇阁（扬州）收藏这些图书。存放在北方文渊阁等四处的《四库全书》称内廷四阁。南方文澜阁等三处的称江浙三阁。乾隆皇帝下令开放江浙阁，让各地文人查阅、抄写。江浙三阁实际起了国家图书馆的作用。这在当时可以说是一个可贵的创举。

　　《四库全书》的总纂纪昀是个踏实肯干的学者。他主持《四库全书》馆十余年，每得到一部书，都命人写一篇简单明了的提要，介绍作者的生平、书籍的版本、内容及简单的评价。后来，纪昀把这些提要汇总起来，编成《四库全书总目提要》和《四库全书说明目录》。这些书，成为人们阅读《四库全书》不可缺少的工具书。参加编修《四库全书》的还有戴震、姚鼐（nài）、王念孙等许多有名的学者。乾隆皇帝为了表彰纪昀等人的功劳，先任命总纂纪昀、陆锡熊和总校陆费墀（chí）为翰林院侍读学士，又授给总纂纪昀、陆锡熊左副都御史，陆费墀礼部侍郎的职位。可是，事后不久乾隆皇帝派人检查《四库全书》，发现抄错的地方很多，他又大发雷霆，命令纪昀率人校正文渊阁的藏书，让陆锡熊到沈阳校正文溯阁的藏书。抄写的费用，也由他们自己承担。陆锡熊到沈阳校书，连气带愁，不久就病死了。陆费墀是总校，责任最重，也最倒霉。乾隆皇帝罚他出钱装裱江浙三阁每一本书的封面，制作盛这三处书的木匣，又削了他的职。陆费墀憋了一肚子火，活活气死了。乾隆皇帝还不肯善罢甘休，派人到他的原籍抄了他的家，只留下一千两银子作为他妻子儿女的生活费用。尽管《四库全书》馆的官员在整理、校对、抄写时有许多差错，尽管朝廷在编纂《四库全书》时销毁了许多宝贵的典籍，但是这部书毕竟是一部规模空前宏大的丛书，对后世影响很大，有人甚至把它和万里长城、大运河并列为中国古代三大工程。

《四库全书》编成到现在已经二百年了。目前，只剩文渊阁（现藏台湾）、文津阁（现藏北京图书馆）、文溯阁（现藏甘肃图书馆）的藏书还是完整的。藏在圆明园文源阁的书，在英法联军侵入北京、纵兵洗劫圆明园时，被烧毁了。镇江文宗阁、扬州文汇阁的藏书在太平天国时期散失了。杭州文澜阁的藏书丢失了一部分，后来经人抄写补充，又基本上凑齐了。《四库全书》的底本原来藏在翰林院，经英法联军和八国联军两次洗劫，有一部分被烧毁，还有一部分被抢走，现藏在英、法等国图书馆中。

蒲松龄的《聊斋志异》

自从传奇小说在唐代蔚为大观（形容事物美好繁多，给人一种盛大的印象）之后，中国的文言小说就陷入了长久的沉寂之中。一直到蒲松龄出现，这种局面才得以改变。

1640年农历四月十六日破晓时分，山东省淄川县蒲家庄一户人家的一声清脆啼哭，宣告了一个新生命的诞生。这个小生命的父亲欣喜若狂，因为在孩子降生前，他刚刚梦见一个清瘦的佛把一贴膏药贴在他的胸膛上。于是他给孩子起名叫蒲松龄——他希望孩子能够和南山的不老松一样长寿。

蒲松龄出生时，家道已经衰落。他在父亲的指导下开始读书，19岁时以府、县、道三个第一考中秀才。但之后三年一次的乡试，成了他一生都迈不过的坎。一直到72岁的时候，他才博得了一个岁贡的功名。一次次地志在必得，又一次次地折戟沉沙，他不得不在41岁时到别人家当家庭教师，直到71岁时才撤帐回家。这使得他把大部分兴趣和精力放在收集、整理谈狐说鬼的故事上，从30多岁开始，一直到去世前，他都坚持着对《聊斋志异》的创作与加工。在他72岁的时候，他一生的精神支柱、跟他患难与共56年的妻子刘孺人病逝。他在埋葬妻子的仪式上对儿孙们宣布，自己将在三年之内死去。两年后，也就是1715年，他倚着书屋——聊斋的南窗边坐着逝世。

《聊斋志异》是一本凝聚蒲松龄一生辛酸与痛苦的"孤愤之书"，全书共有近500个故事。他在《聊斋志异》中，以饱含激情的巨笔，为读书人谱写了一曲壮志难伸的悲歌。《叶生》中的叶生

"文章词赋，冠绝当时"，但却穷其半生，困于科场，始终无法向功名迈进一步，最终郁郁而死。但他不知道自己已死，魂魄一直追随着生前的文章知己、县令丁称鹤，教丁公子读书应举，结果每试必中，直至进士及第。当他带着巨大的荣耀返回故里时，才突然发现自己早已死去多时，是不甘就此泯灭的灵魂支撑着他，通过自己的学生来实现自己终生未竟的心愿。这一个个科举考试制度下的悲剧形象身上，凝聚着作者自己一生怀才不遇的苦闷情怀，是作者自己一生痛苦的写照。

由于在现实世界中的郁郁不得志，蒲松龄将自己的理想寄托在鬼狐花妖身上，建造了一个瑰丽奇特、异彩纷呈的精神家园。在他笔下，天地万物、一花一草、一石一木都获得了生命。从狐狸到黄蜂，到老鼠、青蛙，甚至连牡丹花，都有思想和灵魂，有丰富的情感。而且与尘世的人相比，她们身上更具有浪漫气息，更富有理想性。这些花妖鬼魅置封建社会的传统礼法于不顾，常常夜扣书斋，和心爱的书生幽会。她们大胆地追求自己的爱情和幸福，丝毫没有世俗婚姻的门当户对的观念和嫌贫爱富的庸俗想法。相反，她们对于恋爱对象的选择，或是出于对男子才能胆识的崇敬，或是由于志趣相投、爱好相近，绝不会因为对方是落魄潦倒的书生或小市民而嫌弃对方。《连琐》中的连琐和杨于畏相爱，是因为共同的文学兴趣；《晚霞》中的晚霞和阿端相爱，是以舞蹈艺术爱好为桥梁；《白秋练》中的白秋练追求慕蟾宫，诗歌是其媒介。

不仅如此，这些美丽的花妖鬼魅绝不像很多世俗的人一样朝三暮四、喜新厌旧，她们一旦付出了真心，就海枯石烂也绝不变心。《香玉》中的白牡丹，爱上了胶州的黄生，当她被迁往别的地方，与黄生两地分离之后，立即枯萎而死。而在黄生日夜凭吊的真挚感召下，她又起死回生。后来黄生魂魄所寄的牡丹花被道士砍死后，她也憔悴而死。这种可以为情而生、为情而死的伟大爱情，已经超越了时空的限制，超越了物类的区别。而且一旦这些花妖鬼魅能最终与人类结合，生活往往会幸福美满。《翩翩》中的仙女与罗子浮结合，生了儿子，并为儿子娶亲。在婚宴上她欣慰地唱道："我有佳儿，不羡高官；我有佳妇，不羡绮纨（指富贵之家或其子弟）。"这种超脱而健康的情绪，是世俗婚姻中很少见的。

蒲松龄借着自己的力量把文言小说推向了不可企及的高度。在他身后，出现大量模仿《聊斋志异》的作品，但再也没有一部作品能像《聊斋志异》一样，既深刻而广泛地反映社会现实，又塑造出如此之多的鲜活人物，同时还留给世人一个瑰奇绚丽的艺术世界。

林则徐——开眼看世界第一人

在清朝统治末期，由于清政府对内实行残酷暴政，对外软弱无能、妥协退让，激起了国内爱国人士的奋起反抗，当时，涌现出了很多民族英雄。

林则徐是我国近代史上第一位挺身而出抵抗外国侵略的民族英雄，同时，他也是放眼看天下、主张对外开放的先驱者。他出生于福州侯官一个下层知识分子家庭，14岁中秀才，20岁中举人，27岁中进士。他历官十四省，任过监察御史、布政使、河道总督、巡抚、总督和钦差等官职。

当时清朝正趋衰落，而西方资本主义国家正处于上升阶段，为了开辟国际市场，加大资本积累，英国把矛头指向落后的中国。它通过东印度公司向中国走私鸦片，四十年中，输入鸦片四十万箱，掠走清政府三四亿银圆，同时给中国军民带来极其深重的灾难。

面对滚滚而来的鸦片狂潮，清政府无能为力，只能眼睁睁地看着白花花的银两源源不断地流进侵略者的口袋。老百姓在鸦片面前深受其害，许多人因吸食鸦片弄得妻离子散，家破人亡，苦不堪言。这误国害民的恶魔鸦片，不能不激起人民的愤怒，这就引发了一场轰轰烈烈的禁烟斗争。

领导这场轰轰烈烈的禁烟斗争和抵御外国武装入侵是林则

徐一生最伟大的功绩。公元 1839 年 3 月，林则徐作为钦差大臣奉命到达广州，发动了一场轰轰烈烈的群众性禁烟运动，与英国鸦片贩子展开面对面的斗争，终于迫使英美商人缴出烟土二百三十七万六千余斤。6 月 3 日起，在林则徐的领导和组织下，在虎门沙滩销毁收缴上来的鸦片。百姓无不拍手称快。这就是震惊世界，为时二十多天的"虎门销烟"，这一壮举表现了我国的民族尊严和浩然正气是不可亵渎和毁灭的，从此揭开了近代中国人民反殖民斗争的序幕。现今北京的天安门广场人民英雄纪念碑，把这历史的一幕记录下来，作为第一幅浮雕呈现在上面，宣之后世。

1840 年 6 月，英军舰队气势汹汹、肆无忌惮地开进广东海面，封锁珠江口，对中国边防军民进行种种挑衅。至此，第一次中英鸦片战争正式拉开了序幕。

在带领军民进行禁烟的同时，林则徐致力于巩固海防建设，在广东人民的大力支持下，爱国将士们曾经多次粉碎了英国炮舰的入侵。英军败退，被迫北上，攻占浙江定海，后来又长驱直入，直逼天津大沽口。昏庸腐败的清王朝顿时惊慌失措，屈膝投降，把罪责推到有功之臣林则徐身上。清政府被迫割地求和，还和英国签订了不平等的屈辱条约。鸦片战争虽然失败了，林则徐的爱国主义精神却极大地激励了我国千百万人民起来进行不屈不挠的反帝斗争。

为了祖国的富强、民族的昌盛，林则徐积极主张对外开放，反对闭关锁国。他一方面严禁毒品进口，一方面维护正常的国际贸易。他主张"师夷长技"，学习借鉴外国先进的科学技术，主持编印了我国第一个国际法翻译本。由他组织翻译、魏源最后编成的《海国图志》一书，流传到日本，对日本明治维新起了重大作用和影响，至今仍为日本人民所称道。可以说林则徐是我国近代资产阶级维新思想的重要启蒙者之一。

爱国必爱民，林则徐又是一个深受人民爱戴拥护的清官。他为官清正廉明，关心人民疾苦，为老百姓办过许许多多好事。他当过考官，不讲私情，秉公办事，凭真才实学选拔人才，被誉为"清榜"；他公正断案，平反冤狱，不徇私舞弊；他赈济灾民，治理洪水，为民造福。他被人们称为"林青天"。鸦片战争以中国失败而告终，林则徐则成了替罪羊，他被充军到新疆伊犁。到了伊犁之后，他依然爱国爱民，带领军民一方面警惕沙俄侵略，戍守边疆；一方面开发屯垦事业，富国强兵。他的足迹踏遍天山南北，行程两万多里，勘地近七十万亩，并推广坎儿井（荒漠地区一种特殊灌溉系统，与万里长城、京杭大运河并称为中国古代三大工程）、纺纱车，被当地人民称为"林公井""林公车"。

道光二十五年（1845）十月林则徐获赦，后来先在陕甘任职。道光二十七年起被朝廷调任云贵总督，继续为清政府效忠，尽职尽责。

道光三十年（1850）底，太平天国领袖洪秀全在广西积极进行革命活动，充分发动群众，已经初步形成了一股强大的力量，准备起义。咸丰皇帝感到惶恐不安，曾经数次宣召林则徐火速入京商讨对策，林则徐因病重拖累不能前去应命。

咸丰皇帝一怒之下，即强令他为钦差大臣赶赴广西。林则徐不敢违抗圣命，只得抱病启程，准备镇压洪秀全领导的起义。道光三十年十一月十九日，林则徐乘轿路过广东潮州普宁县城洪阳镇时，因旧病未愈，病情加剧，只得停下来暂驻洪阳镇，手下人赶紧请普宁县保和堂名医黄华为他诊治。黄医生经过细心切脉后，断定其病状危殆，尽力设法挽救，当即立下症论和方论，配合药物。因为林则徐的侍从医官是个北方人，认为剂量太轻，不让林则徐服药。第二天，县令再请复诊，黄医生切脉后，当时就断定林则徐已病入膏肓，无法救治。十一月二十四日，林则徐不幸病死于洪阳，终年六十六岁。一代杰出的爱国人士、民族英雄林则徐，就这样离开了人世。他在禁烟运动中表现出的强烈的爱国热情和英雄壮举，人们历历在目；他对侵略者深恶痛绝的愤慨之情，人们仍然记忆犹新。

林则徐既是一个杰出的政治家，又是一个杰出的爱国诗人。他写过许多首诗词，他的诗词中含有丰富的思想内容和高深的艺术造诣。例如，他身处逆境时仍不忘爱国，写下了"苟利国家生死以，岂因祸福避趋之"的诗句，成为人们传诵、铭刻的著名对联。

虎门销烟

鸦片战争是封建的中国转变为半殖民地半封建中国的转折点，也是古代中国与近代中国的分水岭。鸦片——这种被吸食者称为"福寿膏"的毒物，也的的确确腐蚀了中华民族的肌体，只是在当时，一向夜郎自大的清朝统治者只顾欣赏罂粟花的美丽，而未嗅出其释放的毒气。

1773 年，清乾隆年间，英国便已开始对中国输入鸦片。鸦片，俗名大烟，是一种麻醉性的毒品，人吸食后，会在很短的时间内对其产生依赖并导致精神萎靡、体质下降，过量吸食会引起死亡。同时，由于鸦片泛滥，吸食者越来越多，使大量的白银流出国门，国家一时间呈现了田地荒芜、经济凋敝、"兵弱银荒"的局面。据统计，18世纪中期，英国每年偷运到中国的鸦片为200箱；1838年至1839年，猛增到3.5万箱，美国和沙俄也在同期向中国偷运鸦片。在1840年前的20年里，中国白银外流已达到1亿两。白银的外流引起中国银价上涨，人民生活受到严重影响，军队战斗力遭到严重削弱。

罪恶的鸦片贸易造成如此多的严重灾害，人民忍无可忍，要求禁烟的呼声日益高涨。人民的禁烟要求在统治阶级营垒中也引起强烈反响，以林则徐为代表的一部分官员坚决主张禁烟。1838年12月29日，道光皇帝宣诏湖广总督林则徐来京，并授林则徐为钦差大臣，加兵部尚书衔，节制广东水师，派往广东实行禁烟。

林则徐，字元抚，福建侯官（今福建福州）人。他出身贫寒，为官清廉，关心百姓疾苦，为民众所称颂。1839年3月10日，林则徐到达广州后，即与两广总督邓廷桢和水师提督关天培等合作，开始了禁烟工作。首先他制定并颁布了《禁烟章程十条》，严惩贩卖和吸食鸦片者1600多人，并从这些人手中收缴烟土、烟膏46万两，烟枪4万余支。查禁外商鸦片202833箱、2119麻袋，合计2376254斤。为了敦促烟商交出鸦片，林则徐曾下令停止中英贸易，并派兵严守商馆，断绝商馆与澳门的交通，撤退中国在商馆中的雇员，迫使英国鸦片商贩同意缴烟。林则徐、邓廷桢、关天培等还率领文武官员，勒令零丁洋洋趸船（无动力装置的矩形平底船，通常固定在岸边，用于装卸货物或供行人上下。趸，dǔn）上的英、美烟贩缴烟。

1839年6月3日，林则徐在虎门要塞主持销烟。当日，到场观看销烟的人成千上万，其中也有外国的烟商。林则徐命兵士在海滩上挖了两个15丈见方的池子，池子前面设一涵洞，后面通一水沟，池底铺上石条、四壁栏桩钉板，以防渗漏。之后，将水车从沟道推入池子，将盐撒进，先把鸦片切成小块投入卤水中，浸泡半小时后再投入石灰，池中立刻水汤滚沸，围观的人群此时发出震天动地的欢呼声。从6月3日到25日，除有8箱作为样品送往京城外，所收缴的110多万公斤鸦片全部被销毁。

虎门销烟是中国近代史上一件比较大的历史事件，也是最令人振奋的抵抗外侮的民族壮举，它既是唱给妄图用毒品使中国亡国亡种的世界列强的挽歌，也是民族英雄林则徐用人生书就的辉煌篇章。

鸦片战争

当中国封建社会发展缓慢，清王朝国势日下、萎靡不振的时候，西方资本主义却迅速发展壮大起来，殖民扩张和殖民掠夺更加肆虐疯狂。欧美列强，尤其是发展势头强劲的英国，把中国列为侵略的主要目标之一，而他们向中国扩张的主要手段就是武装入侵、倾销商品和走私鸦片。他们视中国为软弱的羔羊，任意宰割，肆意践踏中国的主权。起初，由于中国长时期的封建社会始终是自给自足的自然经济，对外来商品具有强大的抵抗力，加上清政府的闭关锁国政策限制着中外贸易的发展，因而英国的工业品在中国很难倾销，几乎没有市场；而中国的茶、丝等土特产品在国外却备受青睐，出口量逐渐递增。在中英贸易中，中国长期处于有利地位，白银内流。面对这种发展态势，外国列强不肯善罢甘休，他们早就对中国这块嘴边的肥肉垂涎三尺、虎视眈眈。当一般商品摧毁不了中国自然经济时，英国侵略者就采取海盗式的巧取豪夺的手段，向中国大量走私特殊商品——鸦片。同时，美、俄等欧美诸国也参与了这种不光彩的"贸易"。

鸦片走私到中国，给清朝官员及广大人民带来了灾难。中国人的身心健康受到严重损害，社会生产力急剧下降，而且国内的白银大量外流，使清政府本来就很紧张的财政更加拮据，吏治更加黑暗腐败，军队战斗力极度削弱，平民百姓饥寒交迫，生活在水深火热之中。这就进一步加重了封建统治的危机。

罪恶的鸦片贸易造成如此深重的灾难，使中国人民与外国侵略者之间的矛盾日益激化，禁烟的要求日益高涨。人们忍无可忍，只有起来反抗。中国人的禁烟要求在统治阶级营垒中也引起强烈反响，以林则徐为代表的一部分官员坚决主张禁烟。道光皇帝也意识到问题的严重性，鸦片一天不禁，人民便一日不得安宁，统治阶级的政权便有颠覆的危险。在这紧要关头，道光皇帝便任命林则徐为钦差大臣，前往鸦片走私活动十分猖獗的广东禁烟。1839 年 3 月，林则徐到达广州后，严查烟贩，整顿水师，惩办不法官吏，晓谕外商呈缴鸦片。当时，英国商人无视中国政府的主权，广东当地群众群情激奋，很多群众来到英国使馆前，要求公使义律交出逃到这里的大鸦片贩子颠地。石头和瓦块成了中国百姓的武器，纷纷投向了英国使馆的院内。在人民群众的强烈要求下，英美烟商被迫缴出鸦片约两万一千二百九十八箱，从 6 月 3 日到 25 日，虎门海滩燃起熊熊大火，所缴鸦片全部被当众销毁，这就是震惊中外的"虎门销烟"。这不仅狠狠打击了侵略者的气焰，也向全世界表明了中国人民维护民族尊严、反对外国侵略的坚强意志和决心。

当林则徐禁烟的消息传到伦敦后，英国资产阶级异口同声地提议发动战争，他们盼望已久的用大炮轰开中国大门的借口终于找到了。他们以强凌弱，企图用武力来征服清政府，达到他们不可告人的目的。1840 年 6 月，由四十八艘船舰、五百四十门大炮和四千名士兵组成的英国"东方远征军"陆续到达广东附近海面，严密地封锁珠江口，第一次鸦片战争正式爆发了。

战争爆发后，英军在广东外围的海面上兜了好几个圈子，无奈广东水师戒备森严，严阵以待，他们不敢贸然进犯，便掉转方向，北上进攻福建、厦门。闽浙总督邓廷桢亲自率领军民坐镇厦门，击退了英军的多次进攻。侵略者继续北上，清政府麻痹大意，放松了警惕，竟毫无防备。后来，浙江定海失守，英军迅速北犯白河口，进逼天津，并以武力恫吓清政府，提出割地赔款的要求。昏庸的清朝统治者被敌人的阵势吓坏了，急忙派直隶总督琦善前往大沽口乞求英军退兵。为了表示"诚意"，竟然又下令撤了林则徐的职，改派琦善为钦差大臣，命琦善火速前往广州与英军谈判妥协。之后，清朝将领奕山、奕经先后率军与侵略军多次顽强交战，皆因内部腐败、指挥失误、军心涣散、畏敌如虎又不调动人民群众力量而遭惨败。侵略者得势以后更加嚣张狂妄了，又变本加厉，进一步提出了许多无理要求。

清政府在英国侵略军炮舰威逼下屈膝投降，俯首称臣，任人宰割，同英国先签订了丧权辱国的《南京条约》，而后又签订了作为《南京条约》补充的《中英五口通商章程》。《南京条约》是中国近代史上第一个不平等条约，同时也是中国封建社会半殖民地化的一个重要标志。它是英国侵略者进行侵略的开端。

此后，各国侵略者接踵而来，乘机向软弱无能的清政府索取特权，并与清政府签订了一系列不平等条约，侵略者的阴谋竟然屡屡得逞。

中英《南京条约》

1840年8月，8艘英舰直逼天津。直隶总督琦善不仅媚外，而且在鸦片贩卖中得到不少好处。林则徐禁烟，断了他的财路。而他又与穆彰阿关系极好，都想排斥林则徐。琦善和穆彰阿二人一唱一和把英舰直逼天津的责任全部推到了林则徐身上。昏聩无能的道光竟信以为真，撤去林则徐两广总督之职。不久，又将林则徐、邓廷桢等人革职，流放新疆伊犁。

琦善在穆彰阿的支持下，坐上了两广总督的宝座。他怀着不可告人的目的来到广州上任。琦善命令关天培减船裁兵、解散水勇、设置在海里的铁链要拆毁、对英军要客气，并重申违令者以军法论处。关天培气愤地离开了总督衙门。琦善怕各将领不听命令，又派出参军监督各处的撤防，以讨英国人欢心。

1841 年 1 月 7 日，英军舰队直抵穿鼻洋(位于广州市南沙区与东莞、深圳之间的海面)，并用猛烈的炮火进行轰击。紧接着三江口失陷，琦善吓得魂不附体，与英军议定《穿鼻草约》。《穿鼻草约》规定：香港本岛及其港口割让给英国；赔偿英国 600 万银圆；开放广州为通商口岸；英国撤出沙角、大角炮台，归还定海。琦善为了掩盖自己的卖国罪行便谎奏：赔款可以暂不付；香港只是一个荒岛，英国人只是在岛上寄居。

道光帝得知琦善谎奏后，下令撤去琦善两广总督之职，又派自己的侄儿奕山前去广州接任。

英军得知琦善签署的《穿鼻草约》被废，恼羞成怒。于 1841 年 2 月 25 日，向虎门发动大规模进攻。虎门各防线在琦善的撤防命令下，已是兵微将寡，大炮无几，弹药又少，防御工事几乎全毁。英军很快攻下虎门前横档、永安二炮台，接着挥军向虎门后的镇远、威远二炮台进发，这是虎门仅存的两炮台，由关天培镇守。

镇远和威远炮台同样兵微将寡，弹药不充足，防御设施也遭到了琦善的破坏。这两座炮台失守后，关天培拔剑自刎。

英军攻陷虎门后，接着又攻陷厦门、宁波、上海吴淞等地，进而沿长江侵入南京江面。

在北京的道光帝听说洋人打到南京了，吓得差点儿要了命。可是这个昏庸的皇帝，不但不竭尽全力去同侵略者决战，反而派耆英等人去和洋人和谈。在敌人大炮的威胁下，耆英等人答应了洋人的全部无理要求，从而签订了中国历史上第一个不平等条约——《南京条约》。这个条约规定，中国把香港岛割让给英国，赔偿英国各种损失 2100 万银圆。从此，英国人正式获得了在中国领土上胡作非为的权利。这样，鸦片战争就以英国人的胜利结束。从此，中国开始沦为洋人的半殖民地。

《南京条约》签订以后，腐败的清王朝为了偿还给英国的赔款，更加残酷地剥削贫苦的老百姓。老百姓本来就已经处于水深火热之中了，这下就更没了活路。朝廷不让老百姓活下去，老百姓就自己找活路。鸦片战争结束后不久，轰轰烈烈的太平天国运动就爆发了。

中美《望厦条约》

道光十四年（1834），英国驻广州商务督办与清政府发生冲突，美国驻澳门领事认为英国对华战争已成定局，于是便向华盛顿国务院建议，美国应采取干涉政策，或与英国联盟一致行动，或乘机军事示威，以便英国所获取的利益，美国同等享受。在这一建议下，美国政府于第二年组织东印度洋舰队，把香港作为经常停泊的港口。

道光十九年（1839）三、四月，广州禁烟运动给英国鸦片贩子以极其沉重的打击，同时，使美国的烟贩利益也受到威胁。于是，美国在广州的商人联合上书美国国会，建议政府同英、法、荷联合行动，派兵船向中国沿海一带示威，与中国建立商业关系，主张"凡中国埠头，俱要准外国人任意贸易"。这样美国人亦可分享中国给予别国的好处。

次年一月，请愿书送到国会，引起美国官方重视。由于美国国内一部分对华贸易的商人不同意参加英国的对华战争，而主张采取趁火打劫方式，于是美国政府即在鸦片战争期间，派加尼率东印度舰队来中国，以便乘机捞些便宜。加尼舰队在鸦片战争时为英军声援，在战后，强迫清政府赔偿美商损失数十万银圆。与此同时，美国国内政客及传教士也竭力为英国侵略战争辩护。

八月二十九日，中英签订了《南京条约》，消息传出后，立即引起美国政府注意。十二月，美国总统泰勒在给国会的咨文（指某些国家元首向国会提出的关于国事情况的报告）中，建议美国派正式代表来华，与中国建立商务关系。道光二十三年（1843）五月，美国派著名政客、律师、国务委员顾盛为专使，以当时国务卿的儿子弗勒斯脱为秘书来华，早在中国的美籍传教士伯驾、裨治文、卫三畏担任使团翻译。美国政府给顾盛训令，在中国新开放的口岸里，美国必须获得与英国相同的通商条件，否则，美国将不与中国和平相处。

次年二月，顾盛等到达澳门，先以进京面见皇帝来恐吓清政府，继之声明除钦差大臣外，不与其他官吏谈判，不承认两广总督程矞（yù）采为交涉对手。在顾盛的恫吓下，清政府只好另派耆英为钦差大臣，到广州与顾盛交涉。六月，耆英到澳门界栅外望厦村，与顾盛会谈。由于他抱着所谓的"一视同仁"的外交原则，因此，很快就接受了顾盛的全部要求。双方在七月三日于望厦村签订了《望厦条约》。

中美《望厦条约》共计 34 款。除依据利益均沾的原则，取得了英国所取得的各种特权外，还获得了《南京条约》中没有，或者虽然有而尚未明确规定的权利。其主要内容：

（一）美国商人来华贸易所纳出口、入口税，俱照规定例册，不得多于各国。倘若中国日后税利变更，须与美国领事等官议允。如另有利益及于别国，美国商人应一体均沾；

（二）美国商人准其携带家眷，在五口（广州、厦门、福州、宁波、上海）居住贸易。五口船只载装货物，互相往来，俱听其便；

（三）美国商人在五口贸易，须各设领事官管理，中国地方官应加以款待。如地方官有欺藐该领事各官，该领事将申诉中国宪，秉公查办；

（四）凡美国商船赴五口贸易均由领事等官查验船牌，报明海关，按所载顿数毪莉货税，因货未全销，复载别口转售者，领事等官报明海关，于该船出口时，将税已纳完注入红牌，以免该船进别口时，重征税；

（五）美国商船进口，止起一分货物者，按其所起一分货输纳税饷，未起之货均准其载往别口销售完。倘有未开全即欲他往者，限二日之内出口，不得停留，亦免收税饷，待到别口发售时再照例纳税；

（六）美国如有兵船巡查贸易至中国务港口者，其兵船之水师提督及水师大员及中国该港口之文武大宪均以平行之礼相待，以示和好之谊；

（七）美国商船进中国五港口停泊，仍归各领事等官同船主等经营，中国无从统辖；

（八）中国人与美国人有争斗、词讼、交涉事件，中国人由中国地方官提拿审讯，照中国例治罪；美国人由领事等官提拿审讯，照本国例治罪，但须两得其乎，秉公断结，不得各存偏护，致启争端；

（九）美国人在中国务港口，自因财产涉讼，由本国领事等官讯明办理；若美国人在中国与别国贸易之人因事争论者；应听两国照本国所立条约办理，中国官员均不得过问；

（十）美国商人在五港口贸易，或久居，或暂住，均准其借租赁民房，或租地自行建楼，并设医院、礼拜堂及殡葬之处。必须由中国地方官会同领事官，体察民情，择定地基；

（十一）和约一经议定，两国各宜遵守，不得轻有更改。至各国情形不一，所有贸易及海面各款不无稍有变通之处，应等十二年后，两国派员公平酌办。

中美《望厦条约》是比中英《南京条约》更细致更完备的不平等条约，它成为中法《黄埔条约》及其他国家与中国所订条约的范本。

中法《黄埔条约》

乾隆五十二年（1787），在越南推行宗教侵略的法国阿德兰区主教百多禄，给法国王路易十六写一个奏议，建议对越南用兵，以抵制英国在亚洲的商务。"此外还有其他的利益。……就是从这个国家……建设一条到达中国中部去的商道，将获得莫大利益。"这个奏议成为法国政府制定亚洲侵略政策的指导思想。

但是直到鸦片战争前，法国对华贸易远在英美之后。当时，中法关系比中英、中美疏淡。

道光二十年（1840），鸦片战争发生后，法国开始注意中国的情况，企图乘机渔利。第二年派真盛意来华，调查远东情势，从事侵华活动。中英《南京条约》签订，英国取得许多特权。法国见状不甘落后，于是决定派遣正式代表来华。

道光二十四年（1844）八月，法国使臣拉萼(è)尼到达澳门。清政府派耆英与他办理交涉。但拉萼尼在正式谈判前，拒不透露来华的具体任务，只是派人放出各种空气：说他要与中国结好，共同抗英；又说他将与中国为难，图据虎门；还说将要求天主教弛禁；并说他要北上进见皇帝。莫衷一是的传说，使耆英处于被动地位。十月初，耆英和拉萼尼两人才正式谈判。由于拉萼尼详细研究了中英、中美条约，并掌握了清政府的实底，于是援引英美先例，提出订立商约的要求。耆英等投降派认为"抚夷不外通商"，便很快答应了拉萼尼的要求，于十月二十四日，在广州黄埔的法国阿吉默特号军舰上签字，即中法《黄埔条约》。

黄埔条约共 36 款。根据这个条约规定，法国取得了英美已经得到的各种重大权利，如五口通商、协定关税、领事裁判权以及片面最惠国待遇等；此外，法国还攫取了一些新的特权。例如：法国人在五口地方租赁房屋行栈或租地自行建屋建行，其"房屋间数，地段宽广，不必议立限制"；规定法国人在五口建造礼拜堂及坟地，中国政府予以保护。

《黄埔条约》实际已超越了《南京条约》《望厦条约》的特权内容，但拉萼尼并不满足，又在条约之外，抓住天主教弛禁问题，进行新的讹诈。这样，十一月十一日，即《黄埔条约》签订不到二十天, 法国又强迫清政府取消对天主教的禁令, 准许他们在通商口岸自由传教。

《上海租地章程》

自鸦片战争以后, 在通商口岸划定"租界", 是资本主义列强蓄意攫取在华特权的侵略活动之一。所谓租界, 实际上是列强违约强加给中国的, 因为在《南京条约》和《虎门条约》中只提到准许外国人在五口租房寄居, 并无设立租界的明文规定。

第一个向中国勒索租界的国家是英国。1843 年上海开埠, 英国第一任驻上海领事巴富尔就积极进行勒取居留地的活动。他利用《虎门条约》第七款中有关允许英人租赁房屋和基地的规定, 曲解条文, 硬要划定一块纯供外国人占用的居留地, 并以华洋杂处难免发生纠葛为由, 引诱清地方官吏满足他的要求。经过近两年的谈判, 双方达成协议。于 1845 年 11 月 29 日以上海道台宫慕久的名义公布了《上海租地章程》23 款。章程议定以洋泾浜（今延安东路）以北、李家厂（今北京东路）以南、东临黄浦江为自然界限之地, 谁许租与英国商人建屋居住。当时西边未划界。第二年又议定以边路（今河南中路）为西界。这样, 这方圆达 830 亩的地皮就成为英国人的居留地, 也就是后来所称的英租界。1848 年该居留地又向西扩展至泥城浜（今西藏路）, 占地达 2820 亩。

《上海租地章程》的公布, 为外国侵略者攫取在华租界开创了先例。1848 年美国在上海苏州河以北今虹口一带擅自广置土地, 建造房屋, 把这一地区划为美租界。1849 年 4 月法国取得了上海县城北门外的城河与英租界南址洋泾浜之间约九百八十六亩地皮，作为所谓的法租界。1863年9月上海虹口的美租界与英租界合并，称为公共租界。自上海租界后，西方侵略者在中国许多通商口岸遍设各类租界：一种是各国共同管理的公共租界，主要在上海、厦门，为数不多；另一种是一国独有的专管租界，有英租界、日租界、法租界以及德、俄、意租界等，为数甚多，散布在上海、广州、天津、汉口、重庆、杭州、苏州、沙市、长沙等城市。至1904年，在中国至少已有16个通商口岸设立了各类租界。

租界最初是中国官方在通商口岸指定给外国人居留的地段，中国政府拥有租界内的行政、司法权，即拥有租界内的领土主权。如《上海租地章程》规定，当外商向中国业主租赁土地或房屋时，须经中国官员与英领事约请公证人估定房价、地租和移屯各费，然后申报上海道和英领署发给"道契"，"道契"规定土地为永租而非卖绝。但随着列强对中国侵略的扩大和加深，中国在租界中保有的权利也渐被侵犯以至完全被排斥，演变成中国法令所不及的特区。1854年英、美、法三国公使趁上海小刀会起义之机擅自修改了《上海租地章程》。新章程的一些规定严重侵害了中国主权：

（1）成立工部局。同年7月，上海租界成立工部局，由美国驻沪领事金能亨、英国传教士麦都思等七人任董事，其下设立若干委员会，包括以英、法、美在上海的海军为主要支柱的"防卫委员会"。

（2）攫取警察权。原来的租地章程规定租界内可以设更夫数名。工部局成立后，董事会马上调用香港巡捕房高级职员充任上海第一任捕房总巡，包揽了拘捕罪犯、搜查军火、解除中国人武装以及协助收税等职能。

（3）夺取征税权。工部局以巡捕捐的名目，向居住租界内的中国人抽税，后来又以其他名义陆续增添许多新税，强迫境内中国人缴纳。

（4）取得司法权。小刀会起义后，英、美、法等国领事乘机夺取司法权，擅自审理租界内中国人的民刑案件。工部局派定各董事充当法官轮流审讯，拒绝中国官员在租界内行使司法权。

由于侵略者取得种种特权，使上海租界实际上成为变相的"独立国"。随后各地租界相继仿照上海租界，于是中国境内出现了许多这样的"国中之国"，成为帝国主义侵略中国的重要据点。

第二次鸦片战争

19 世纪 50 年代，英、法、美等资本主义国家的工业生产有了进一步的发展，因而经济资源和商品市场便显得尤为重要。第一次鸦片战争中，他们已经窥视到了中国广泛的能源空间和商品流通市场。于是，他们利用各种手段向中国提出有损民族利益和领土主权的要求。1854 年和 1856 年，他们要求在《南京条约》的基础上签订新的不平等条约，英、法、美还以曾两次帮助镇压太平天国为借口，向清政府提出包括中国全境开放、鸦片贸易合法化等无理要求，但均遭到了清政府的拒绝。随后，英法便策划了一场新的侵华战争，试图再次以武力达到他们实施经济掠夺的目的。

1856 年 2 月，法国神父马赖在广西西林从事非法活动，被当地官府处死，法国即以此为口实对华采取军事报复。英国也处心积虑地寻找重开战端的借口，蓄意制造了"亚罗号"事件。"亚罗号"是一艘中国走私船，曾经在香港领过一张登记证，但已经过期。10月，中国水师在广州附近登上"亚罗号"拘捕匪徒，遭到英国驻广州领事巴夏礼的抗议，他们硬说这是一艘英国船。尽管已将"亚罗号"上缉捕到的走私船员交还给他们，但英方却未予理睬。10月23日，他们突然发起进攻，占领广州以南沿江各炮台，并一度冲进广州城内，第二次鸦片战争便由此爆发。

法国此时也迫不及待地尾随其后，于次年出兵中国，与英军组成了英法联军。1857年12月，英法联军五千六百余人（其中法军一千人）在珠江口集结，准备大举进攻。美国公使列卫廉和俄国公使普提雅廷也到达香港，与英法合谋侵华。其时，清政府正以全力镇压太平天国和捻军（反清农民武装势力）起义，对外国侵略者采取"息兵为要"的方针。叶名琛忠实执行清政府的政策，不事战守。12月28日，英法联军炮击广州，并登陆攻城。都统来存、干总邓安邦等率兵顽强抵御，次日失守。将军穆克德讷投降，并在以巴夏礼为首的"联军委员会"的监督下继续担任原职，供敌驱使。叶名琛被侵略军俘虏。

广州陷落后，四国侵略者合谋继续北上，以便对清政府造成直接威胁。1858年4月，英、法、俄、美四国公使率舰陆续来到大沽口外，分别照会清政府，要求指派全权大臣进行谈判。俄、美还表示愿意充当"调停人"。咸丰帝一面命令清军在天津、大沽设防，一面派直隶总督谭廷襄为钦差大臣，前往大沽办理交涉，并把希望寄托在俄、美公使的"调停"上。英、法侵略者并无谈判诚意，只是以此拖延时间，加紧军事准备。5月20日，英法军舰炮轰大沽炮台。驻守各炮台的清军奋起还击，与敌鏖战。但谭廷襄等毫无斗志，望风披靡（形容军队毫无斗志，老远看见对方的一点影子，没有交锋便溃败了），加以炮台设施陈陋，大沽失陷。英法联军溯白河而上，于 26 日侵入天津城郊，并扬言要进攻北京。

在侵略者的淫威恫吓之下，清政府再次屈膝投降。6 月下旬，连惊带吓的大学士桂良分别与英、法、美、俄签订了可耻的卖国条约——《天津条约》。而沙俄在《天津条约》中迫使清政府承认已签订的《瑗珲条约》，彻底霸占了中国东北的大片国土。

1859 年 6 月，英、法驻华公使以换约为由，执意要率军舰从大沽口，溯白河进京，遭到清政府拒绝。6 月 25 日，英法军舰便向大沽炮台发动进攻。经过整顿的大沽守军奋起反击，击沉击伤英法兵舰十余艘，毙伤侵略军四五百名。英法联军狼狈撤出大沽口。

英法联军进攻大沽惨败的消息传到欧洲，英、法统治阶级内部一片战争喧嚣，叫嚷要对中国"实行大规模的报复"，"占领京城"。1860 年 2 月，英、法两国政府分别再度任命额尔金和葛罗为全权专使，率领英军一万五千余人，法军约七千人，扩大侵华战争。4 月，英法联军占领舟山。5、6 月，英军占大连湾，法军占烟台，封锁渤海湾，并以此作为进攻大沽口的前进基地。

此期，清朝前敌统帅僧格林沁则以为敌军不善陆战，因而专守大沽，尽弃北塘防务，给敌人以可乘之机。8 月 1 日，英法联军在北塘登陆，没有遇到任何抵抗。14 日，攻陷塘沽。再水陆协同，进攻大沽北岸炮台。守台清军在直隶提督乐善指挥下，英勇抗击。但清政府本无抗战决心，咸丰帝命令僧格林沁离营撤退。清军遂逃离大沽，经天津退至通州（今北京通州）。8 月 21 日，大沽失陷。侵略军长驱直入，于 24 日占领天津。清政府急派桂良等到天津议和。英、法提出，除须全部接受《天津条约》外，还要增开天津为通商口岸，增加赔款以及各带兵千人进京换约。清政府予以拒绝，谈判破裂。侵略军遂从天津向北京进犯。此时，清朝上下，慌作一团，争相逃命。9月22日，咸丰皇帝率后妃、大臣们逃往承德避暑山庄，命恭亲王奕䜣向侵略者求和。10月，英法联军完全控制北京，进而将圆明园洗劫一空，并放火焚毁。

10月下旬，清政府代表、恭亲王奕䜣与英、法代表订立了《北京条约》。条约规定：开天津为商埠；准许华工出国；割让九龙司地方给英国；发还天主教资产；对英、法赔款增加到800万两白银。国土沦丧，权益受损，清政府再一次用中华民族的尊严为第二次鸦片战争画上了屈辱的句号。

《天津条约》的签订

第二次鸦片战争期间，英法军队攻占广州后，于咸丰八年（1858）四月，到达大沽口外，美俄两国公使也随同北上，四国公使分别照会清政府，要求派全权大臣进行谈判。于是清政府派直隶总督谭廷襄前往大沽。英法借口谭廷襄非全权大臣，无便宜行事之权，拒绝谈判。俄美公使假充"调停人"，单独和谭廷襄周旋，麻痹清政府。英、法军队在俄、美掩护下，做好了一切战争准备，于五月二十日对大沽炮台突然发动攻击。炮台守军奋起还击，顽强抵抗，但因驻在大沽的文武官员对抵抗毫无决心，纷纷逃跑，致使大沽失陷。英法联军随即溯白河而上，直逼天津城下，扬言要攻打北京。

清政府闻讯后，急忙派大学士桂良、吏部尚书花沙纳赶赴天津议和。在谈判开始时，英国提出公使驻京，"江路一带，至海之源，各处通商，并在各省任凭英国民人，自持执照，随时往来，英国在要紧地方设领事官，如有不法之徒，就近交领事官惩办"等要求作为议和草约的基本条件。六月十一日，桂良等在英国的胁迫下，顾不得咸丰的意旨，对英法完全屈服。但咸丰不同意全部接受英法的要求，他斥责桂良等说："若必事事皆准，何用大臣会议耶？"命令他们再行交涉，并请普提雅廷出来"说合"，"杜其不情之请"。但是咸丰的愿望又一次落空，英国反而提出了更多的要求。英国除更明确地要求公使"长远驻京"以外，还要天津开港、镇江、南京先立码头。到二十五日，英法逼桂良等接受他们所拟定的全部条款，一字也不许改动，中文约本的译文也完全由他们决定。咸丰无奈，终于同意了英法的要求。

在谈判过程中，威妥玛、李泰国的态度特别蛮横；动辄开口恫吓。桂良等在奏折中一再表示自己所处的屈辱地位。桂良等在淫威慑服下，订立了《天津条约》。

中英、中法《天津条约》分别于六月二十六日和二十七日签订。中英《天津条约》共五十六款，附约一条。中法《天津条约》共四十二款，附约六条。

美俄两国在"调停人"的名义下，早在中英、中法条约签订以前即六月十三日和十八日，已诱骗清政府订立了中俄、中美《天津条约》。俄约十二款，美约三十款，两国不费一兵一卒而从清政府取得许多权利。四国公使还与桂良等商定，第二年与中国互换批准书。

这四个《天津条约》的主要内容有：

（1）外国公使常驻北京。改变了以往只能在香港、上海活动，而不能与清朝中央直接打交道的惯例。

（2）开放牛庄（后改营口）、登州（后改烟台）、台湾（台南）、潮州（后改汕头）、淡水、琼州、汉口、九江、南京、镇江为通商口岸；外国人可在各口租房居住，买地建礼拜堂和医院。

（3）外国人可自由进入内地传教、通商、游历；外国商船和军舰皆可驶入长江各口。

（4）扩大领事裁判权，规定外国人之间任何纠纷，犯罪，中国官府都不得过问；中外民人之间的案件，由中外双方官员在外国领事的监督下"会审"。

（5）对英赔款四百万两，对法赔款二百万两。

（6）减低关税。

随后桂良、花沙纳在上海会同两江总督何桂清等，于十一月八日和二十四日分别与英、法订立《通商章程善后条约》各十款，内容主要是：承认鸦片贸易合法，每百斤征税三十两；一般商品抽时价百分之五的关税；洋货运内地只要再抽百分之二点五的子口税，即可畅行无阻；各海关税务邀外国人帮办。

《天津条约》及《善后条约》，进一步破坏了中国的主权，便利了西方列强对中国的经济侵略。

《北京条约》

《北京条约》是 1860 年英法联军攻进北京后，英、法、俄强迫清政府分别签订的结束第二次鸦片战争的不平等条约。

《中英北京条约》原称《中英续增条约》，是英国强迫清政府订立的关于结束第二次鸦片战争的不平等条约。1860 年（咸丰十年）10 月 24 日清钦差大臣奕䜣与英国全权代表额尔金在北京签订。共九款。这个条约除确认《中英天津条约》仍属有效外，又增加了扩大侵略的条款：（一）开天津为商埠；（二）准许英国招募华工出国；（三）割让九龙司地方一区给英国；（四）《中英天津条约》中规定的赔款增加为 800 万两。签约后，英国即表示扶助清政府镇压太平天国革命，并支持洋务派奕䜣当政。

《中法北京条约》原称《中法续增条约》，是法国强迫清政府订立的关于结束第二次鸦片战争的不平等条约。1860 年（咸丰十年）10 月 25 日清钦差大臣奕䜣与法国全权代表葛罗在北京签订。共十款。这个条约除确认《中法天津条约》仍属有效外，又增加了扩大侵略的条款：（一）开天津为商埠；（二）准许法国招募华工出国；（三）将以前被充公的天主教产赔还，法方在中文约本上私自增加："并任法国传教士在各省租买田地，建造自便"；（四）《中法天津条约》中规定的赔款增加为 800 万两。签约后，法国即表示扶助清政府镇压太平天国革命，并支持洋务派奕䜣当政。

《中俄北京条约》即《中俄续增条约》，是 1860 年（咸丰十年）11 月 14 日沙俄利用英法侵华联军攻占北京的军事压力，强迫清政府签订的不平等条约。由清钦差大臣奕䜣与俄国驻华公使伊格那提也夫在北京签订。共十五款。主要内容为：（一）将乌苏里江以东（包括库页岛在内）约四十万平方公里的中国领土，强行划归俄国；（二）规定中俄西段疆界，自沙宾达巴哈起经斋桑卓尔、特穆尔图卓尔（今伊塞克湖）至浩罕边界，"顺山岭、大河之流及现在中国常驻卡伦等处"为界（根据这一规定，于 1864 年签订了《中俄勘分西北界约记》，将巴尔喀什湖以东、以南和斋桑卓尔南北四十四万多平方公里的中国领土，割给俄国）；（三）开放喀什噶尔（今喀什市）为商埠；（四）俄国在库伦（今蒙古国首都乌兰巴

托）、喀什噶尔设立领事官。

《北京条约》是《天津条约》的继续和扩大，它不仅承认《天津条约》完全有效，而且攫取了一些新的侵略权益：开天津为商埠后，西方资本主义侵略势力有了大肆掠夺华北经济的侵略据点；割占九龙半岛、乌苏里江以东大片领土，进一步破坏了中国领土主权完整；英、法侵略者可以公开掠卖中国人口出洋做奴隶、当马牛；军费赔款是对中国人民的又一次残酷掠夺；外国教会侵略势力更加深入和日益猖獗；开放口岸已深入从沿海各地到长江中下游地区；已侵犯了中国的司法主权，使中国的半殖民地半封建化进一步加深。这些使中国人民的灾难日益深重。

太平天国起义

两次鸦片战争以后，清政府被迫签订了一系列不平等条约，背上了沉重的债务。为了向英帝国支付大量的"战争赔款"，清政府日益加紧搜刮民脂民膏，残酷压榨剥削百姓。人民无以为生，濒临绝境，忍无可忍，于是纷纷揭竿而起，反抗官府的统治和压榨。从1840年至1850年，全国先后出现一百余次农民起义，其中洪秀全领导的太平天国起义规模最大、时间最长、波及面最广、影响最深。

洪秀全，广东花县人，自幼博览群书，聪明好学，长大后渐明事理，对腐朽的清王朝深切痛恨。他组织创立了"拜上帝会"；1851年1月11日，洪秀全率领众多信徒在金田村（位于广西桂平市金田镇）起义，建国号"太平天国"。起义军众志成城，顽强英勇，所向披靡。起义军队伍不断发展壮大，严重威胁着日益腐朽的清王朝。洪秀全称"天王"后，又封杨秀清为"东王"，萧朝贵为"西王"，冯云山为"南王"，韦昌辉为"北王"，石达开为"翼王"。

次年春，太平军一路浩浩荡荡，继续挥师北上。不幸的是，冯云山、萧朝贵先后在激烈的战斗中身受重伤而牺牲。太平军先后占领了汉口、汉阳、武昌。此时太平军军威大振，已达五十万人之多。1853年年初，太平军挥戈南下，三个月就占领了重镇南京。洪秀全这时又将南京改称"天京"，把它当作太平天国的都城。不久，洪秀全颁布了《天朝田亩制度》，提出了"耕者有其田"的口号。此时，在太平军的威胁下，清政府十分惶恐，清军与地主武装用重兵合围天京，洪秀全派李开芳、林凤祥率两万太平军继续北伐。北伐军直捣直隶，逼近北京。在出兵北伐的同时，洪秀全又派赖汉英等将领率水军乘千余只战船沿长江西征。历经三年奋力拼杀，太平军已经控制了江西、安徽、湖北和江苏的大部分地区，并先后击溃了清朝的江北大营和江南大营。太平军越战越勇，捷报频传。清朝官兵却屡屡败退，犹如缩头乌龟，躲在城中固守，不敢出战。此时的太平天国在军事上和政治上达到了前所未有的全盛时期。但就在这时，天京竟然发生了一场意想不到的大变乱：太平天国领导集团内部发生了严重的内讧，几位领导人为了各自的利益，争权夺势，竟不惜动用武力，刀枪相见，相互残杀。这场大变乱是太平天国由盛到衰、由强到弱的转折点。从此，太平天国运动一步步走向了衰败。

太平天国发生内讧绝对不是偶然的，它是太平天国领导集团内部矛盾的一次总爆发，是洪秀全和杨秀清两人之间矛盾尖锐的必然结果。

太平天国在南京建都以后，这些农民领袖被革命胜利冲昏了头脑，革命意志大大减弱。他们生活奢侈，养尊处优，贪图安逸，模仿着封建王朝的排场，大兴土木，建造宫殿。他们还抛弃"人人平等"的思想观念，建立起烦琐的等级制度，因此一天天脱离了人民群众。

这时，杨秀清在太平天国领导集团中的实力日益增强，他错误地认为建立自己最高统治地位的时机已经到来，便向洪秀全"逼封万岁"。后来，杨秀清有恃无恐，竟派人将洪秀全召到东王府来，摆出一副盛气凌人的样子，居功自傲，用"天父"的口气对洪秀全说："尔与东王均为我子，东王有特大功劳，何止称九千岁?"洪秀全被逼无奈,当时不得不顺从他说:"东王打江山,亦当是万岁。"杨秀清仍然不依不饶,步步进逼,又说:"东世子岂止是千岁?"洪秀全索性回答:"东王即万岁,世子亦便是万岁,且世代皆万岁。"

事后,洪秀全心怀极大不满,对杨秀清的所作所为十分恼火,立即秘密召回在江西的韦昌辉和在丹阳的秦日纲,准备采取手段置杨秀清于死地,以防后患。

很快,韦昌辉率三千精兵于 9 月 1 日深夜到达天京,悄悄包围了东王府,又令士兵闯进东王府内把杨秀清及其全家通通杀死。之后,双方所率各部在天京城内展开了激烈的战斗,杨秀清部有两万多人被韦昌辉消灭。秦日纲追随韦昌辉也参与了这次屠杀杨秀清及其家人、所率部将的行动。翼王石达开闻讯后带领随从从湖北急速赶回天京,愤怒地斥责韦昌辉心狠手辣,滥杀无辜。韦昌辉听后很恼火,又要派人去杀石达开,石达开吓得赶紧连夜逃走。洪秀全为形势所逼,不得不下令杀了韦昌辉和秦日纲,好歹才平息了这场可悲的变乱。

韦昌辉被杀后,洪秀全召石达开回京辅政。不久,洪秀全对石达开又生猜忌,为了防患于未然,他便封自己的两个兄长为王,以抑制石达开。石达开在这种情况下非常不满,他一气之下带领十多万太平军的精锐部队擅自离开天京,向四川进发。从此,太平天国的政治、军事力量就更加分散了。这次变乱对太平天国的命运是影响极大的,内部不团结致使政权受到极大的打击。在这种情况下,洪秀全亲自执掌了政权。他提拔重用有才干的青年将领,重新建立领导核心。他任命后起的陈玉成、李秀成、李世贤、韦志俊、蒙得恩为前、后、左、右、中五军主将,洪秀全自兼军师,这样就暂时填补了杨、韦死后和石达开带兵出走后的首领空缺。陈玉成、李秀成、李世贤后来果然有所作为，成为太平天国后期的军事支柱，并取得了一些军事上的胜利。

当时，在离天京不远的上海，是英、美等殖民主义者和清朝统治者狼狈为奸、相互勾结、合伙做鸦片贸易的主要商埠，中外反动力量聚集在这里，他们对太平天国来说是个明显的威胁。

太平天国李秀成率兵攻占了苏州后，便向上海大举进军。外国侵略者鉴于太平天国反对他们在中国进行鸦片贸易、毒害中国人民，直接影响他们的利益，就与清政府勾结。英国驻华公使普鲁斯就曾经扬言说："皇家海陆军当局应该采取适当措施……保卫上海，抵抗任何力量的攻击。"于是，一个名叫华尔的美国人在美国公使的指使下，组织了一支"洋枪队"，与清朝政府的军队勾结在一起，大力镇压太平军。

1862年7月，太平军士气勇猛，一直攻打到上海附近，李秀成照会英、美、法三国公使，说明此次太平军大举进军上海的目的，并向他们宣布：太平军保护在上海的外国居民不受侵犯。但是，英、美、法三国公使非常傲慢，对这个照会置之不理，不屑一顾。美国人华尔率领"洋枪队"猛烈攻打太平军占据的松江和青浦，一时间枪声大作，硝烟四起。过了不久，太平军的援军及时到达青浦，大破"洋枪队"和清军。太平军奋力杀敌，取得了辉煌的战果。他们杀死洋兵六七百人，缴获洋枪两千支，火炮十余门，洋炮百余门，战舰数百艘。在这次战斗中，华尔身受重伤，"洋枪队"惨败，失去了昔日的威风。

太平军收复松江后，又乘胜大举向上海进军。此时，李秀成对外国侵略者还抱有某种幻想，希望他们能够保持"中立"，便再次向他们重申太平军保护外国侨民的政策。但是，外国侵略者根本不买太平军的账，公然宣布"上海城及外国租界由英法联军占领"，并炮轰太平军的大营，致使太平军伤亡惨重。

此后，太平军又发起进攻，直逼上海。这时，外国侵略者和清朝统治者又勾结到一起，组织了"中外会防局"，拼凑了一支新的"洋枪队"。这次，这支军队由英国海军提督何伯、陆军提督迪佛立、法国海军提督卜罗德及美国人华尔联合统率。他们向太平军发动最猛烈的进攻，妄图一举消灭太平军，达到进一步控制清政府的目的。

太平军将士顽强抵抗敌人的攻击，面对敌人的洋枪洋炮，他们奋勇杀敌，浴血奋战。何伯被打伤，卜罗德被击毙，眼看着太平军胜利在望，但就在此时，天京突然告急，李秀成不得不回师增援天京。李秀成率领主力部队离开上海战场之后，余部继续同敌军进行战斗。1862年9月，英、法侵略军进犯浙江慈溪，华尔率领他的"常胜军"前去增援。就在这次战役中，这个双手沾满中国人民鲜血的刽子手终于被太平军打死了，英、法侵略军又一次遭到重创。

太平天国后期虽然取得了很大的胜利，势力发展到十几个省，斗争持续十四年之久，虽然在曾国藩、左宗棠领导的湘军与李鸿章领导的淮军以及英、美等侵略者的联合进攻下，最终失败了，但是，太平天国毕竟给外国侵略者和清朝军队以沉重打击，动摇了清朝的统治，加速了清朝灭亡的进程。太平天国提出的口号和理想，反映了当时人民的要求和呼声。

《天朝田亩制度》

太平军占领南京后，军事进攻并没有停顿下来，除乘胜派兵夺取镇江、扬州以外，1853 年 5 月，派林凤祥、李开芳率两万余人出师北伐，企图直捣清朝的巢穴——北京；接着又派胡以晃、敕汉英率军西征，夺取长江上游重要据点安庆、九江、武汉等地，以建立鄂皖赣根据地，切断清王朝与它的主要财源地——江南各省的联系。在太平天国革命形势胜利发展的影响下，全国各地各族人民纷纷起义响应，北方的捻军，南方的天地会、小刀会，西南、西北的苗、彝、回等族人民都掀起了武装抗清斗争，革命怒潮风起云涌，如火如荼。一个以太平天国为中心，席卷全国的革命高潮正在迅速形成。如果说过去太平军为了保存和发展自身的力量，必须处在不断的流动作战的状态之中的话，那么，如今情况则已发生了很大的变化，只有巩固自己所占领的地区，才能把革命运动向前推进。这并不是说流动作战已经过时，更不是说军事斗争已经失去了它的重要性，而仅仅只是说，新的形势已经提出要求，流动作战的效果和军事斗争的结局将首先取决于政权建设的成败。

天王洪秀全显然已经看到了客观形势发展提出的这个新问题，他沉默寡言，却十分擅长分析和探索，具有同时代人中罕见的理论思维能力。早在进军的途中，他就已逐渐把日常军政指挥大权移交给杨秀清，在定都天京之后，他更专心致志地研究并制定政权建设的蓝图和措施，以便巩固革命成果并进而实现建立"地上天国"的革命理想。

他指出："天国是总天上地下而言，天上有天国，地下有天国，天上地下，同是神父天国，勿误认单指天上天国。故太兄（耶稣）预诏云'天国迩来，盖天国来在凡间，今日天父天兄下凡创开天国是也'。"正是根据这个基本指导思想，天王洪秀全结合太平天国金田起义后的革命实践，绘制了一幅地上天国的美丽蓝图——《天朝田亩制度》，于 1853 年底加以颁布。

无论什么社会，它的根本问题都是财产所有及其分配问题。《天朝田亩制度》处理财产所有及其分配问题的基本原则是"人人不受私，物物归上主"。按照这个基本原则，全国土地属于上帝所有，每一个中国人作为上帝的子女，都有权平均分配一份土地。"凡分田，照人口，不论男妇，算其家口多寡，人多则分多，人寡则分寡，杂以九等"，所有这些规定显示出，这是一种农业社会主义者所设计出来的理想图案：全社会每人都可以分配一份相等的土地，都要从事农业并兼作副业；劳动所得除留足自己的口粮之外，其余都得归公，以满足婚丧嫁娶之需，以供养鳏寡孤独。《天朝田亩制度》所设计的是一个人人各得其所的、平等的农民社会。

关于地上天国的社会结构，《天朝田亩制度》是按照"亦兵亦农，军政合一"的原则来设计的。根据这个原则，全国人民都像士兵一样，被组织在一个严密的军事体制之中。这是一种仿照古代寓兵于农的做法而设计出来的社会组织，其目的主要在于使整个社会都能够"亦兵亦农，军政合一"。"有警则首领统之为兵，杀敌捕贼；无事则首领督之为农，耕田奉尚（上）"。不仅如此，在天京革命秩序建立起来以后，天王洪秀全还曾一度打破封建宗法性的家庭结构，按照军、师、族、卒、两、伍的军事编制，将天京全城居民（除参军外）以职业技能的不同分别编入各种营、馆，从事各种生产劳动；老年人和儿童则编入"牌尾馆"，参加一些力所能及的劳动或其他辅助性工作；病人则入"能人馆"予以治疗。将私有的房屋、地产、金银、粮食、货物一律归公有，入天朝圣库，实行平均主义的供给制度。上自天王，下至庶卒平民，一律不发俸钱，衣食日用所需，概由圣库供应，只是在生活标准上有别而已。天王洪秀全企图通过以上这个以废除封建土地所有制为中心的包括政治、经济、军事、文化教育以及社会各方面的改革方案，来建立"有田同耕，有粮同食，有衣同穿，有钱同使，无处不均匀，无人不饱暖"的"天下一家"的地上天国。

《天朝田亩制度》是太平军"圣库制度"和其他一系列政策条例的总结和发展，是洪秀全"量大"学说的结晶。尽管它带有很大的主观幻想成分，但它的出现，在中国农民战争史上，仍是一个破天荒的伟大创举，它的诞生，标志着太平天国把农民革命推到了一个新的高峰。

颁布《资政新篇》

天京事变后，洪秀全经过两三年艰苦卓绝的努力，采取了一系列拨乱反正的措施，虽然使天国出现了比较稳定的局面，但以小生产者绝对平均主义描绘的理想天国的方案——《天朝田亩制度》以及与之相适应的各项政策，在实践中愈来愈行不通，因而在政治上、经济上、思想上的混乱也就无法根本克服，以致"人心改变，政事不一，各有一心"，革命锐气大减。严酷的现实斗争，迫使革命领袖洪秀全不得不进行新的探索。1859年颁布的《资政新篇》，就是天王洪秀全开辟"新天新地新世界"的新纲领。

《资政新篇》是洪仁玕（gān）给天王洪秀全的一份关于改革内政和建设天国的建议书，是他向太平天国设计的一幅用资本主义方式进行社会政治经济改革的蓝图。

　　在内政改革方面，提出了"禁朋党之弊"，使天国达到政治上的集中统一。地方行政改革上，洪仁玕提出由群众推举产生乡官，"公议者司其任"的主张。并设立士民公会（民众团体），举办各种社会福利事业，协助政府"拯困扶危"。

　　在经济改革方面，洪仁玕主张效仿西方资本主义国家的经济制度，发展近代工矿交通事业。这是一个根本的社会经济改革方案，它以新的生产方式代替旧的生产方式，以新的生产关系代替旧的生产关系，其前景是在中国发展资本主义。

　　在法制方面，《资政新篇》中洪仁玕主张废除封建主义的严刑峻法，对判处死刑的重罪犯实行绞刑，废除"点天灯（把犯人扒光衣服，用麻布包裹，再放进油缸里浸泡，入夜后，将他头下脚上拴在一根高的木杆上，从脚点燃）""五马分尸"等酷刑，实行"善待轻犯"的政策，主张采取"修街、渠、道路"等监督劳动的办法，使其悔过自新。主张把宗教和刑法分开来，他指出："十款天条，治人心恶之未形者，制于萌念之始"，属于思想教育范畴；刑法"治人身恶之既形者"，是为了制裁犯罪行为。这是资产阶级的法制观点。

　　在文化教育方面，洪仁玕提出了一些反映资产阶级文化思想的主张。主张兴办学校，创办新闻报纸，反对浮文，提倡文以纪实。主张发展社会福利事业，如成立士民公会和慈善团体，设立医院、跛聋哑院、鳏寡孤独院等。反对封建迷信。

　　在对外政策方面，主张学习西方，引进西方国家先进的科学技术，反对"全体闭塞，血脉不通"的闭关政策；主张各国之间平等地交往和进行贸易，反对鸦片输入；主张"与番人并雄"，和西方国家进行竞争。

洪仁玕提出的这些改革措施，都得到了洪秀全的肯定。他们在开创新天新地新世界中，勇于同旧文化思想决裂，在对外政策上，坚决抛弃妄自尊大、以大朝自居的愚昧思想，主张积极地与外国在平等基础上往来。特别是他们对外开放、引进西方先进科学技术、在竞争中发展自己国家的思想，在当时来说，是最有远见卓识的思想，成为早期改良主义思想的先导。

从《资政新篇》的基本内容来看，它是太平天国进行全面改革的新纲领，它的目的是要用发展资本主义来改变天国的衰败局面，以便把中国建设成为一个能与西方各国并雄的资本主义国家。

《资政新篇》是同《天朝田亩制度》性质完全不同的政治纲领。《天朝田亩制度》是以土地问题为中心内容，主张废除封建土地所有制，把土地平均分配给农民耕种，它所设想的理想天国是一个生产力很低的没有私有财产、没有商品货币的绝对平等平均的社会，这实质上是一种空想的农业社会主义，是小农经济的产物。《资政新篇》抛弃了这种不切实际的空想，以西方资本主义国家为榜样，提出了一个发展近代工业生产，实行资本主义经济制度的建设新天国的方案。两个纲领无论是思想内容和阶级基础都截然不同。洪秀全从制定《天朝田亩制度》到完全赞成和颁布《资政新篇》，从"人人不受私，物物归上主"彻底消灭私有制到保护私有财产，鼓励发展资本主义，这是他政治思想上的一大转变。这一转变是和太平天国后期的社会历史分不开的，是他解决理想与现实之间矛盾的重大思想突破。

曾国藩组建湘军

太平天国运动爆发后，清政府调动了全国的绿营主力对太平军围追堵截，然而屡不奏效，太平军占领南京后，以绿营组成的江南大营、江北大营据守在南京旁边，几年内对太平军无可奈何，任其来往出入。这时，清政府已经意识到不能再指望绿营来战胜太平军，便开始动员各地编练地主武装。为适应这种形势，曾国藩积极活动，在地主团练的基础上开始组建湘军。

曾国藩，字伯涵，道光年间考中进士，做了十多年的京官，后升任礼部侍郎兼兵部侍郎。咸丰二年（1852）因为母亲病故返回老家湖南湘乡。第二年，奉朝廷之命在湖南帮办团练。曾国藩苦思冥想，最后采取了与其他团练大臣完全不同的做法。他把团与练分开，团的招募方法是将居民编成保甲，委派当地豪绅主持；练，是在城乡集中训练乡兵。曾国藩让各地普遍办团，但不许地方绅士办练，而是自己亲自在省城集中募勇办练。不久之后，他乘罗泽南、王鑫等湘勇一千多人调省城防守之机，把他们改组、扩编，开始编练湘军。为了加强控制，曾国藩大量任用其亲朋密友、门生故旧担任各级将领。士兵全部来自湖南，其中以湘乡人为多。实行勇丁由将官亲自招募制度，各军各营彼此独立，互不统属，全军皆归曾国藩统率。经过一番精心周密的经营，湘军已经成为曾国藩的私人军队。

咸丰三年（1853）年初，湘军组成。次年二月，曾国藩亲自率领湘军，自衡州（今湖南衡阳）启程，会师湘潭。随后他用自己的名义发布《讨粤檄文》，开始与太平军作战。靖港一战，湘军水师被全部歼灭，曾国藩痛不欲生，投水寻死，被随从救起。四月，岳州一战，湘军又遭受败绩。曾国藩率部与太平军又会战湘潭，双方激战数日，伤亡均很大。十月，湘军和湖北清军相互配合，攻陷武昌、汉阳。经过一年多的反复激战，湘军乘天京变乱之机对太平军进行反扑，咸丰四年（1854）十二月又攻占了曾被太平军夺去的武汉。两年以后，湘军又进入江西，与太平军争夺九江，激战一年多，终于咸丰八年（1858）攻克九江。

湘军在湖南、湖北战场虽然屡遭挫折，但毕竟取得了几场像样的胜利，扼止住太平军西征计划的实施。清政府获悉消息后，不得不承认湘军的战斗力已超过原有的绿营。然而，随着与太平军的战斗不断进行，湘军的势力也随之越来越大，湘军将领的声望也越来越高，这就引起了清廷的疑虑。早在湘军最初组建之时，军机大臣祁寯（guī）藻就向皇帝说过："曾国藩一在籍侍郎，犹匹夫也。匹夫居闾里，一呼蹶起，从者万人，恐非国家之福。"正因为如此，清廷对湘军总是放心不下，对湘军将领很少提拔重用，最初几年里，湘军中只有胡林翼当上了湖北巡抚，而曾国藩自己长期以来只是以侍郎的空衔统领湘军，没有任何地方实权。这样，各省总督、巡抚常常在兵饷和后勤方面与曾国藩的湘军为难，致使曾国藩心绪一直不佳，多次向皇帝上奏大发牢骚，甚至产生不想再干下去的念头。咸丰七年（1857），曾国藩曾明确提出了权位要求，但清廷依旧没有给予满足。咸丰十年（1860）四月，太平军彻底摧毁了清军的江南大营，绿营几乎全部崩溃。与此同时，英、法军队北上的危机又迫在眉睫，清廷为了笼络曾国藩和湘军，便任命曾国藩为署理两江总督。同年六月，实授曾国藩为两江总督，并授钦差大臣督办江南军务，节制大江南北水陆各军。

次年四月，湘军与太平军在安庆展开激战，经过五个月的战斗，湘军以地雷轰塌城墙之法攻入城内。接着曾国藩又命兵分二路攻击太平军。次年，湘军主力由曾国荃（quán）率领，由皖北沿长江东下进攻天京；转年，左宗棠率领另一支湘军，由江西进攻浙江；李鸿章率淮军进攻上海附近一带。曾国藩自己则坐镇安庆指挥全局。同治三年（1864）七月，湘军攻陷天京，太平军失败。八月，曾国藩裁撤兵勇二万五千人，留下一万人镇守南京，又派一万五千人为皖南、皖北游击之师，后继续在皖、鄂、豫、鲁等地进攻捻军，又分兵进攻陕甘回民军和贵州苗民军。

在与太平军作战后期，随着曾国藩实权的骤增，其湘军系统的将领多有升迁。其弟曾国荃被赏头品顶戴，任浙江按察使。由曾国藩举荐的李续宜、沈葆桢、李鸿章、左宗棠分任安徽、江西、江苏、浙江巡抚，此外广西巡抚刘长佑、河南巡抚严树森、贵州巡抚江忠义，也都属湘军系统的人。湘军成为清政府中一支重要武装，也是一个占据重要位置的政治集团。

光绪即位

同治帝死后，由于其没有儿子，所以在皇位继承问题上出现了问题。国不可一日无君，到底谁来继承大位呢？

按规定来说，应该由同治皇帝的下一辈，也就是从"溥"字辈的人中挑选，当时，这一代中，只有一个年幼的溥伦，他是道光皇帝的长子奕纬的孙子，但是，溥伦的父亲载治不是奕纬亲生的，是过继来的，所以在血缘上有问题，不适合继承皇位。这样只能从同治皇帝的同辈人当中挑选。在"载"字辈的皇室中，恭亲王奕䜣的长子载澄，血统最近，而且当时已经 17 岁，已是成年人。正所谓国赖长君，是比较合适的人选，但慈禧坚决反对让载澄继承皇位，如果让成年的载澄即位的话，那慈禧再度垂帘听政的愿望就没法实现了。最后，两宫皇太后在养心殿宣布："醇亲王奕譞（xuān）之子载湉（tián），承继文宗显皇帝为子，入承大统，为嗣皇帝。"

光绪（载湉）皇帝，于同治十年（1871）六月二十八日出生于北京宣武门内太平湖畔醇郡王府槐荫斋，他父亲是道光皇帝的第七子奕譞，咸丰当了皇帝后，奕譞奉旨娶了懿贵妃（慈禧）的妹妹，赐亲王衔。

在咸丰帝死后，慈禧发动辛酉政变取得成功，奕譞在其中立下汗马功劳，其在密云半壁店将当时八大臣之首的肃顺抓获，从此以后就一直很受慈禧赏识，被封为都统、御前大臣、领侍卫内大臣等职务。同治三年（1864），被封为亲王衔。同治四年（1865），命其在弘德殿行走。同治十一年（1872），晋封为醇亲王。但奕譞此人处事小心谨慎。

关于光绪继承皇位，还有一个传说。同治十年（1871）六月二十八日的夜里，慈禧太后的妹妹那拉氏就要临产了，奕譞的王府里乱作一团，奕譞不断祷告上苍，希望他的福晋能给自己生个儿子，以便将来可以继承他的王位。这时一旁点燃的蜡烛突然爆出一缕黑烟，烟雾散尽后，烛火又渐渐大了起来，突然火苗又再次爆裂开来，分散成无数个小火点，四散飘落。这时，王府里传出好消息，说夫人生了，是个男孩，奕譞这才松了一口气。但对刚才的景象，还是觉得心里不对劲。后来，奕譞就找了两个算命先生，将生儿子时蜡烛的事情说了，其中一个算命的说，小王爷一生多磨难；另一个说，小王爷将来是要做皇帝的，奕譞不信。奕譞想，现在的同治帝与自己的儿子是同辈的，自己的儿子怎么可能继承皇位呢？总之，这是不可能的，就花钱将那两个算命的打发了。

醇亲王生了儿子的事情报到两宫太后那里，慈禧就给起了个名字，叫载湉。

同治死后，没有儿子，两宫太后便召开诸王大臣会议，各位王公大臣都提不出合适的具体人选。这时，慈禧就提出立醇亲王的儿子载湉即位，在场的王公大臣没有一个反对的，这事就这么定了。由于载湉年幼，这样，仍由两宫太后继续垂帘听政。对于慈禧来说，载湉是个小孩子，又是妹妹的小孩，自己的亲侄子，这样更容易控制他，以使自己继续握有朝政大权。同治十三年（1874）十二月初七，两宫皇太后发布懿旨，再度垂帘听政。

就这样，年仅3岁的光绪于光绪元年正月二十日（1875年2月25日）即位，但他继承的是咸丰帝的皇位。

李鸿章与洋务运动

两次鸦片战争失败，使地主阶级中的一部分有识之士在痛定思痛之余渐渐认识到：要使中国不再遭受异族蹂躏践踏，必须痛下决心学习西方先进资本主义国家的技术，用洋枪洋炮代替大刀长矛，从而对外抵御外侮，对内镇压农民起义，以巩固封建统治。

这样，在掌握实权的官僚中产生了主张学习西方科技、引进机器生产的洋务派，他们搞起了颇具影响和声势的洋务运动。当时担任江苏巡抚的李鸿章积极筹办洋务，成为洋务派最有代表性的人物。

李鸿章是安徽合肥人，曾是曾国藩的门生，参与军国要事，编练淮军，很受曾国藩赏识。其人阴险狡诈，而且崇洋媚外，在攻打李秀成时，勾结洋人华尔，组织洋枪队，与太平天国为敌。

当李鸿章率淮军到上海后，亲眼看到"落地开花"炮弹的威力，他拍手称赞说："这实乃神技！"从此，他热心洋务，下决心要学习外国的"神技"。

李鸿章在军事工业上着实下了不少功夫。1863年，他在上海设立了三所洋炮局、兵工厂，其中一所雇佣英法两国通晓军器的人，由英国人马格里"监督"生产。

起初，炮局设在松江的一座庙里，只有五十人，虽然比另外两个炮局效率高，可除了锤子和锉以外，没别的机器，每天生产炮弹约百发。这使李鸿章意识到，必须有造枪炮的机器才行。他支持马格里买了一批英国的制炮机器，工作效率是原来的两三倍。不久，李鸿章又将他的兵工厂迁到

苏州。他的兵工厂已经能够制造步枪、子弹、榴弹、信管、雷管、迫击炮等。

这三所洋炮局和兵工厂的经费都是从李鸿章领导的淮军军饷里拨出来的，他觉得宁可缺点军饷，也得腾出钱办炮局和兵工厂。因为当时洪秀全领导的轰轰烈烈的太平天国农民战争正严重威胁着清政府的统治，为镇压起义，三所炮局匆匆忙忙建起来，且规模也不大，直到1864年太平天国运动失败后，李鸿章才把更多的精力用在办洋务上。

李鸿章升任两江总督后，用千万两白银买下了上海虹口的一座美国人创办的铁工厂，并进行了扩建，与曾国藩联合设立江南制造总局，主要生产枪支、大炮、弹药、钢铁，是当时国内最大的兵工厂，经费充裕，技术力量雄厚。

这一年，李鸿章还把马格里主持的洋炮局迁到南京雨花台附近，扩充为"金陵制造局"，但它生产的大炮、弹药质量十分低劣。原来，这个军医出身的马格里对技术一窍不通，整天只会发号施令。他专横跋扈，对中国工人连骂带打，侮辱虐待，所以，工人们恨他恨得牙根直痒痒。他把从外国订购的生铁、木材大肆挥霍，搞得一塌糊涂，产品粗制滥造，酿成几次重大事故。

1875年，大沽炮台的官兵们试放该局造的两门六十八磅重炮弹的大炮时，发生了爆炸，当场炸死五名士兵，伤官兵十三人，连炮身都炸毁了。李鸿章听后暴跳如雷，他立即下令："传我命令，召马格里速来天津！"

马格里战战兢兢来到天津后，李鸿章让他亲自试放。马格里一听，心里更加害怕，如果真有什么意外，不光自己脸面上过不去，要是再伤着哪儿，就更不合算了，可事到如今，不放也不行了。结果，又一次发生爆炸。李鸿章责问马格里为何炮弹质量如此低劣，马格里到这时候还想抵赖，矢口否认自己的错误，李鸿章一气之下撤了他的职。

李鸿章从这件事上吸取了教训，把技术不精的洋匠干脆撤掉。他任直隶总督后接办天津机器局，把美国的密妥士撤职。

19世纪70年代，李鸿章开始督办北洋海防。清政府一直最重视北洋海军，这也是李鸿章经营最久、花的血本最大的一项事业。直接关系着淮系集团的势力，同时也是洋务派的一面金字招牌，是他们同守旧派争夺权力地位的一个有力的筹码。

李鸿章不止一次强调：筹办海防，与洋人抗衡，不能像镇压太平军那些土寇一样怀着一种侥幸心理，而是要时时戒备；日本非常狡猾，比西洋各国更难对付，所以，应不遗余力地创建水师。李鸿章向德国订购了"定远""镇远"两艘铁甲舰和"济远"号巡洋舰。1888年，北洋海军正式成立北洋舰队。李鸿章在旅顺口、威海卫设了两个主要海军基地。可是在中日甲午战争中，他苦心经营了二十多年的北洋舰队全军覆没，给洋务派以沉重一击，也宣告了洋务运动的彻底失败。

李鸿章在洋务运动中的表现远不只这些，他主张筹办了一些民用企业，像轮船、招商局、开平矿务局、电报总局等。也开办新式学堂，派遣留学生出国考察学习。1871年，他和曾国藩奏请皇上，挑选聪明的儿童去美国书院，学习军政、船政、步算、制造等学科，让中国学到西方的先进科技，以培养人才，积蓄力量使国家富强起来。这些赴美的人中就有后来成才的詹天佑、刘冠雄等。福州船政局也先后派出多批留学生，像严复、刘步蟾、林永升等都是比较出色的。他们带回了西方先进的科学技术，传播西方的新思想、新观念，对中国知识分子影响很大，对中国社会近代化进程起到了推进作用。

李鸿章等人办的这些军事工业、民用企业、海防事务是中国较早引进外国技术和思想的举动，为后人观念、思想的转变打下一定基础。

京师同文馆的设立

咸丰十年（1861），清政府设立了总理各国事务衙门（简称总理衙门），负责对外事务。次年，总理衙门大臣奕䜣奏请，设立京师同文馆，作为附属于总理衙门的一所外国语学校，培养对外人员。是年五月，京师同文馆在北京正式开办，设英文、法文、俄文三馆，规定招收学生十人，最多不超过二十四人。只招收十四岁以下的八旗子弟，由总理衙门考察录取，依次传补。第二年，变通章程，改为每馆招收十人。同治五年（1866），总理衙门又奏请皇帝，要增设天文、算学科目，聘请洋人来教习，理由是"洋人制造机器、火器等件，以及行船、行军，无一不自天文、算学中来"。于是陆续增设了算学（包括天文）、化学、格致（包括力学、水学、声学、气学、火学、光学、电学）、医学四馆。录取学生的方法也相应变动，规定由京内外各衙门保举三十岁以下的翰林院庶吉士（皇帝近臣，有负责起草诏书、为皇帝讲解经籍等责）、编修、检讨（史官）及五品以下由进士出身的官员，或举人、贡士等未仕人员，最后由总理衙门考取入学。同时规定"三年考列到高等者，按升阶优保班次，以示鼓励"。学生的生活待遇从优，先是每月每人给膏火（旧时晚上读书，需掏钱打油点灯，故用膏火指读书的费用）银三两，后改为每人每月薪水银十两，并供给饭食。

同文馆设立之初遭到清政府内极端守旧派人士的反对。

监察御史张盛藻认为强盛中国的办法依旧是尧舜之道，只有通过精读孔孟之书，明体达用，才能使国家规模宏大，所以他极力反对向洋人学习制造轮船、洋枪技术，主张朝廷命官一定要用科甲正途者。接着，大学士倭仁也不断提出"立国之道当以礼义人心为本，未有专恃术数而能起衰振弱者。天文、算学只为末议，即不讲习，于国家大计亦无所损"。从此，守旧派与洋务派在同文馆的设立上发生了激烈争论。倭仁当时的声望在学界很高，是理学权威，他一出来反对，响应者颇多，这样，京师同文馆虽然设立了讲习天文、算学等自然科学的科目，但投考的人却寥寥无几。

同治十三年（1874），总理衙门提出六条"紧急机宜"，发给各省总督、巡抚筹议。以李鸿章为首的实力派大肆倡导，办洋务已成为一种时尚，于是同文馆也随之逐步兴盛起来。在此之前曾增设了德文馆，这以后又增设了东文馆。光绪十三年（1887）规定学生增加到一百二十人。光绪二十一年（1895）改学制三年为八年，分前馆五年，后馆三年。课程包括汉文、外文、天文、算学、物理、化学、世界史地和万国公法等科目，此外设有为教学服务的化学实验室、物理实验室和博物馆、天文台等。在此之前，还于同治十二年（1873）设立了印书处，有中体和罗马体活字四套，手摇机七部，承印同文馆和总理衙门所翻译的数、理、化、医学、历史等书籍和文件等。

同文馆设管理大臣，由总理大臣委派，初由一人担任，以后时有由二人担任，负责主持管理同文馆事务。其下设提调二人，帮助调二人，负责安排课程及督察学生勤惰之事，同文馆的教课人员有总教习一人，洋教习若干人，还有汉教习和汉文教习三人。总教习多由外国人担任。同文馆的经费、人事等方面多为总税务司英国人赫德所控制。同文馆先后聘请了外国传教士包尔腾、傅兰雅、丁韪（wěi）良等担任教习或总教习，其中由赫德提名的总教习美国传士丁韪良总管校务近三十年。按规定，同文馆不允许传播西方宗教，但实际上洋教习们总是借机进行传播。

光绪二十七年（1902）年初，京师同文馆并入京师大学堂，改称"译学馆"，内设英、俄、法、德、日五国语文科目。

台湾设立行省

1885 年 10 月 12 日，清政府改台湾府为行省，命刘铭传为台湾巡抚。中法战争前，台湾作为一个道隶属于福建省。经过中法战争，台湾在东南沿海地区的战略地位进一步突出，清政府感到必须加强对台湾的统治。1885 年 10 月，醇亲王等提出"台湾要区宜有大员驻扎"。10 月 12 日清政府传旨，将福建巡抚改为台湾巡抚，福建巡抚事宜由闽浙总督兼管。并命刘铭传为首任台湾巡抚。刘铭传是中法战争中为保卫台湾做出巨大贡献的爱国将领。战争结束后，他留驻台湾。在经亲自勘测查访的基础上，于 1887 年 11 月，他与闽浙总督联名向清廷提出新的台湾行政区划分方案，获得批准。方案是：在台中彰化地区，建立省城；增设台东直隶州；将基隆、澎湖、埔里社各海防重地，设置为厅，以重事权。官吏设置与大陆同。原设各级地方机构，多则裁，少则增，未设者设。因此，政区由二府三厅八县扩大为一州（台东直隶州）、三府（台湾、台南、台北）、四厅（埔里社、澎湖、基隆、花莲港）、十一县（台湾、彰化、云林、苗栗、安平、凤山、嘉义、恒春、淡水、新竹、宜兰）。这样，台湾全岛连成一气。刘铭传战后治台五年，在建省、设防、整肃吏治、团结高山族、修造铁路、开办邮电、清赋理财、倡创新学等方面都有重大建树，对改变台湾的落后面貌、加速台湾的开发建设，起到了重要作用。

兴中会成立

光绪二十年（1894），孙中山上书李鸿章遭到冷落，此时正是中日甲午战争爆发前夕，他与陆浩东抵达北京时，见清政府日夜修缮颐和园，准备为慈禧太后祝贺六十大寿，使他原来存在的"乘万乘之尊或一垂听，政府之或可奋起"的念头化为乌有，"于是慨然长叹，知和平方法，无可复施"，促使他"积渐而知和平之手段，不得稍易以强迫"。由此激发了他反清革命的思想。

同年十月，孙中山从上海到达檀香山，奔走逾月，联络华侨，宣传革命思想，得到了一批进步侨胞的支持。经过酝酿，于十一月二十四日在火奴鲁鲁埠美商卑涉银行华人经理何宽寓所举行兴中会成立会议，与会者有何宽、李昌、刘祥、黄华恢、程蔚南、郑金、郑照、邓荫南、黄亮、钟木贤、许直臣、李多马、李禄、卓海、林鉴泉、钟宇、刘卓、宋居仁、夏百子、侯丈泉、李祀、伍来等二十多人。会议由孙中山主持。会上大家推举刘祥（永和泰商号司理）、何宽（卑涉银行华人经理）两人为檀香山兴中会正、副主席，程蔚南、许直臣为正、副文案，黄华恢为管库，李昌、郑金、邓荫南、李禄、李多马、钟宇、林鉴泉八人为值理，另设差委二人。会址设在"华人消防所"二楼。会上，通过了孙中山起草的《兴中会章程》（又称《兴中会宣言》）。制定规条几款，第一条即阐明其宗旨："是会之设，专为振兴中华，维持国体起见。……兹特联络中外华人，创兴是会以申民志，而扶国宗。"在组织上强调民主公举、"舍少从多"的原则，在发展会员时指出"引荐担保"。此外还确定了实行议会制度以及缴纳会费等问题。当时，孙中山让众人填写入会盟书，由孙中山领导，举行秘密宣誓仪式。誓词是"驱除鞑虏，恢复中国，创立合众政府；倘有贰心，神明鉴察"。誓词先由李昌宣读，然后每人再各向天宣读一遍。

兴中会成立后，立即派会员到檀香山各埠进行扩展组织、发展会员的工作。宋居仁、李昌到茄荷雷埠，建立了以孙眉为主席的兴中会分会。孙眉又到百衣，建立了以邓荫南为主席的兴中会分会。在这年冬天和次年年初的数月内，陆续有一些华侨入会。在扩展组织的同时，孙中山开始着手引导会员筹集军费，并召集宋居人、夏百子等二十余人组成兵操队，聘请一丹麦人为教官，进行军事训练，准备回国进行反清武装起义。

转年一月下旬，孙中山抵达香港。他召集旧友陆浩东、郑士良、陈少白、杨鹤龄等，拟议扩大兴中会组织，筹建兴中会总部。杨衢云、谢瓒（zàn）泰同意将他们领导的辅仁文社并入兴中会。经过筹备，租定了中环士丹顿街十三号，此房公开挂的招牌是"乾亨行"。二月二十一日，香港兴中会总部（或称总会）秘密成立。大会推选杨衢云为香港兴中会会长。

香港兴中会增订了《兴中会章程》，把原来的九条发展为十条，提出"设报馆以开风气，立学校以育人才，兴大利以厚民生，除积弊以培国脉"的政治主张。香港兴中会的组织机构与檀香山兴中会略有不同。它设一名总办，下设一名帮办，再下设管库、华文文案、洋文文案各一人，同时设董事十人，共同管理会务。实行少数服从多数的集权合议制原则。香港兴中会会员入会誓词是"驱除鞑虏，恢复中华，创立合众政府，倘有贰心，神明鉴察"。此外，章程增加了一些对会员纪律约束的条文，对集资筹款办法也有若干新规定。

随后，孙中山偕同陆浩东、郑士良等人到达广州，在双门底王家祠云冈别墅成立了兴中会组织，前后陆续有几百人参加。光绪二十一年（1895）四月中旬《马关条约》的签订，激起了全国各界的极大愤慨。孙中山认为起义时机成熟，立即与香港兴中会负责人陆浩东、郑士良、杨衢云等奔走于港、澳之间，并亲自拟定起义方略，主持军务，预定于旧历九月初九炸毁两广总督署，举行武装起义。但由于泄密，起义未及发动即被镇压。陆浩东被捕牺牲，孙中山逃亡日本。在日本，孙中山通过侨商陈清、谭发，结识了在横滨经营"文经"文具店的侨商冯镜如、冯紫珊兄弟，又联络二十多个华侨，于十一月中旬成立了兴中会横滨分会，由冯镜如任分会长。兴中会又先后在长崎、台湾、河内、旧金山以及南非洲等地成立分会，在华侨中发展组织，并多次发动反清武装起义。

兴中会是中国第一个资产阶级革命团体，标志着孙中山从事民主革命的开端。

甲午战争

日本明治维新后，资本主义迅速发展，吞并朝鲜并西侵中国的野心日益膨胀。为了寻找入侵中国的借口，日本帝国主义煞费苦心。1894 年 1 月，朝鲜国内爆发了东学党起义，6 月，朝鲜国王请求清政府派兵镇压。此刻，日本政府一方面劝诱中国"何不速代韩戡乱"；另一方面又以保护使馆和侨民为理由，大量出兵汉城。7月中旬，入朝日军达到一万八千多人，大大超过了赴朝清军。这时，日本政府便训令驻朝公使"促成中日之冲突"。7月25日，日军在牙山口外丰岛海面不宣而战，对中国船队发动了海盗式偷袭。战火在"渡满洲的桥梁"上烧起来了。清政府被迫于8月1日对日宣战。

在此之前，清政府虽然已经建立了舰队，修筑了沿海防御工事，但整个军事政治机构已经腐朽。而掌握最高权力的慈禧，除了尽情享乐外，此时还正煞费苦心地筹办六十大寿。交战双方，一方蓄谋已久，准备充分；一方处处回避，仓促上阵。

9月15日凌晨，日军四路重兵向平壤城内的清军发起猛攻。清军统帅叶志超昏庸无能、贪生怕死，在大敌当前的关键时刻，不但不组织军队凭险抵抗、固守待援，反而率军逃跑。众将士见主将逃跑，士气低落，不断溃退。在平壤保卫战中，虽出现了左宝贵等英勇抗敌的爱国将领，仍无法挽回败局，日军迅速占领了平壤城，战火很快就烧过了鸭绿江。

军情万分危急，在国内主战将领的呼吁下，李鸿章决定雇用英国的五艘商船，运送陆军八个营增援在朝鲜的清军，由北洋水师提督丁汝昌亲率大小船只十八艘护送。不料，这个重要的军事机密被日军探知。

9月17日，中日舰队在黄海展开最为激烈悲壮的一场战斗。当时双方参战的有日舰吉野、松岛等十二艘，中舰有定远、致远等十艘。战幕一拉开，北洋舰队虽险情丛生，但广大爱国将士莫不同仇敌忾，英勇奋战。

日军集中火力攻击旗舰"定远"号,战斗一开始,"定远"号便中弹数发,船上桅杆被打断,船桥被震塌。正在指挥的北洋海军提督身受重伤,仍坚持坐在甲板上督战。"致远"号管带邓世昌在交战中见旗舰"定远"号上的帅旗被打落,立即命令升起帅旗,毅然担当起指挥舰队的任务。他让士兵集中火力猛击"吉野"号。炮手们发炮准确,一排排炮弹发出尖厉的呼啸声直朝"吉野"号飞去,打得"吉野"号舰火光四起,掉头逃跑。邓世昌下令尾随追击。由于舰上配备的弹药很少,不多时,炮弹便打完了。"吉野"号发现这一情况,便又反扑过来。邓世昌在广大爱国士兵誓与敌人血战到底的精神鼓舞下,毅然决定:开足马力,撞沉"吉野"号。视死如归的官兵们的怒吼声在黄海上空回荡,日军被中国水兵视死如归的精神所震慑,纷纷跳水逃命。就在"致远"号逼近"吉野"号的时候,不幸撞上了敌舰攻击"定远"号的鱼雷,锅炉爆炸了,舰上燃起了大火,船体缓缓下沉。但舰上的二百余位中国官兵竟无一人跳水离舰,他们在高呼杀敌的喊声中,随着自己的军舰,随着舰旗沉没在黄海的怒涛中。

当"致远""经远"被敌人炮火分隔开后,"经远"号也在激战中负伤。管带林永升指挥受伤的"经远"号独立作战,力图把敌舰吸引过来,让"致远"狠狠地打击"吉野"。在混战中,一敌舰受重伤企图逃跑,"经远"号立即开足马力追击,准备给以致命打击,不幸也中了鱼雷。林永升大呼:"为国杀敌,死而后已!"全舰官兵同仇敌忾,在舰身逐渐下沉的情况下,继续向敌舰猛烈射击。最后,全舰二百七十人除十六人获救外,其余全部殉国,他们的爱国精神和气节让后人无法忘却。

"致远""经远"将士的英雄壮举,激励了舰队众多官兵的斗志。战斗持续了五小时，在北洋舰队的猛烈攻击下，敌舰大伤元气；旗舰"松岛"号受创极重，官兵死亡一百余人，完全瘫痪。日军见战势不妙，就先退出了战场。北洋舰队也返回旅顺。

黄海海战后，北洋舰队尚存的军舰停泊在山东半岛的威海卫军港内。日本侵略者为了使清政府屈服，决定歼灭北洋海军。日本海军对中国发起了新的进攻。11月中旬，旅顺局势危急，丁汝昌亲往天津，请求率舰前往救援。身为北洋大臣的李鸿章不但不支持丁汝昌的爱国行动，反而大加训斥。不仅如此，还革去丁汝昌的尚书衔，摘去其顶戴，以示惩戒。由于没有援军，旅顺很快被日军占领。日军在占领大连、旅顺之后，接着就发动了对威海卫军港的袭击。

日军从海陆两路对清军进行夹击，封锁了威海卫东西港口，并从南、北炮台和停泊在港口外的军舰上一起发炮，轰击港湾，使北洋舰队陷入困境。此时，日本联合舰队司令写信诱降丁汝昌，丁汝昌严词拒绝了。随着威海卫形势的日益危险，窃据北洋舰队海军副都督的英国人马格禄等人，勾结营务处道员牛昶炳和一些贪生怕死的将领胁逼丁汝昌投降。2月11日，刘公岛告急，在内无弹药、外无援军的情况下，丁汝昌召集诸将开会，提出"与其在刘公岛坐以待毙，不如冒险突围，与日军做最后的较量"。然而他的建议并没有得到其他人的响应。会后，牛昶炳等人又指使一些贪生怕死的人用尖刀威逼丁汝昌率队投降。丁汝昌不愿卖国求荣，但又无力挽救危局，遂含恨自杀以身殉国。丁汝昌死后，马格禄等人又盗用了丁汝昌的名义向日本侵略者缴械投降，北洋海军就这样覆灭了。不久，牛庄、田庄台、营口相继失陷。中日甲午战争以侵略者胜利而告终。1895年，清政府派李鸿章和日本首相伊藤博文签署了丧权辱国的《马关条约》，条约中中国割让辽东半岛、台湾及澎湖列岛等岛屿给日本，并赔偿日本白银两亿两。《马关条约》的签订更加扩大了日本侵略中国的野心。

中日《马关条约》

光绪二十年（1894）八月一日，中日两国同时宣战，中日战争正式开始。九月下旬以后，随着清军的不断失利，清朝廷中的主和派便开始乞求外国调停，由于列强各国或认为时机未到，或态度冷漠，也由于日本确定的媾和条件太苛刻，同时清朝廷中的主战派还拥有一定实力，因此，主和派几次乞求外国的调停活动都未能成功。转年二月，北洋海军的全军覆没，湘、淮等军在辽东战场相继失败，使得朝廷中的主战派大为泄气，一时间感到束手无策。二月十八日，清政府通知日本，将按照日本要求派出全权代表，准备接受包括割地在内的屈辱条件。几天后，清政府又进一步明确向日本宣布，任命李鸿章为头等全权大臣，日方提出的割地、赔款、订约等谈判内容，李均能全权处理；至此，日本同意议和。二十日，李鸿章应召到京，他考虑日本提出的条件，深感此次议和责任重大，于是就先同军机处商议。翁同龢（hé）希望能做到不割地，而其余大臣则担心不割地就不能议和。李鸿章又先后同美英公使进行商量，但都不得要领。三月二日，恭亲王奕䜣向李鸿章传达光绪面谕，授予李以商让土地之权。同日，李鸿章上奏折陈述自身对议和的看法，认为割地之事，古今中外皆有，"但能力图自强之计，原不嫌暂屈以求伸"，只是地有多寡要次之分，须力与争辩，谈判定有一番周折，朝廷必须密为筹备，防止日军直犯近畿等。

　　三月十四日，李鸿章率参议李经方，参赞马建忠、伍廷芳、罗丰禄、美国顾问科士达等随员一百多人，前往日本马关议和。二十日，李鸿章与日本首相伊藤博文、外相陆奥宗光在马关春帆楼开始谈判，双方交换全权证书，李鸿章劝日本不要"寻仇不已"，要求先议停战协定。第二天，双方举行第二次谈判，商议停战之事。伊藤提出停战条件：日军占领大沽、天津、山海关，解除上述各地清军武装，日军管理天津至山海关铁路，清政府负担停战期内日本军费。在这种情况下，李鸿章被迫要求先不谈停战，只议和条款。对此伊藤限定李鸿章于三日内答复停战要求。二十四日，李鸿章正式备文拒绝日本提出的停战条件，要求先谈议和条款。伊藤允许第二天提出议和条件。当天，李鸿章在返回寓所的途中，被早已隐伏的日本浪人（指日本幕府时代脱离藩籍，到处流浪居无定所的日本武士）小山丰太郎用枪击中左颧，血流不止，顿时晕倒。小山是日本自由党方面的打手，他们认为议和时机未到，不占领北京是日本的耻辱，所以有意来破坏议和，以此扩大对华战争。李鸿章被刺后，伊藤、陆奥感到人心已变，不能再战，如果此时谈判破裂，对日本极为不利，同时，也担心因此招致列强干涉。于是在二十八日，陆奥与李鸿章在病榻前议定无条件停战。三十日，中日签订为期二十一天的停战条约，范围不包括澎湖和台湾。但是，两天后日本首次公布议和条件，提出和约底稿，条件苛刻，并限四日内答复。李鸿章为此进行了多次争辩，先后两次向日本送说帖，逐条请求减让。四月九日，李鸿章提出体面修正案，允割辽南、安东、宽甸（隶属于辽宁省丹东市）、凤凰、岫岩（隶属于辽宁省鞍山市）四地与澎湖列岛，赔款一亿两，新订商约"以中国与泰西（旧泛指西方国家）各国现行约章为本"。次日，李鸿章与伊藤举行第四次谈判，日本提出修改稿，将辽东割地由北纬41°以南缩至营口、海城、凤凰城、安平河以南，将赔款由三万万两减为二万万两，商埠由七处减为四处，声称此为尽头条款，中国只有答应或不答应而已，不能减少。同时又威吓：如果谈判破裂，中国全权大臣一旦离去此地，是否再能安然出入北京城门，亦不以保证。李鸿章急忙请旨应付，清廷闻讯后，答应割台湾一半，但是，一定要争回牛庄、营口。日方得到李鸿章的答复后，继续进行恫吓，并运兵至大连湾加以威胁。四月二十日，清政府致电李鸿章：倘无可再商，即与订约。李鸿章连续发回三封电文，催促清政府照日方改款定约。十四日，清廷批准李鸿章"遵前旨与之下约"。第二天，中日双方举行最后一次谈判，李鸿章与伊藤博文议定《中日马关新约》（中日《马关条约》），共十一款，附有《另约》《议订专条》。

《马关条约》主要内容是：（一）中国承认朝鲜完全独立自主。（二）割让辽东半岛、台湾全岛及所有附属岛屿和澎湖列岛。（三）中国赔偿日本军费二万万两白银，分八次交完，三年之内全数清还。（四）开放沙市、重庆、苏州、杭州为商埠，"以中国与泰西各国现行约章为本，订立两国通商行船条约及陆路通商章程，新订约章未经实行之前，所有日本政府官吏、臣民及商业、工艺、行船船只，陆路通商等，与中国最为优待之国礼遇护视一律无异"。（五）允许日本在中国通商口岸设立工厂，任便从事各项工艺制造；产品远销中国内地时，只按进口货纳税，并准在内地设栈寄存。条约还规定日本于条约批准后三个月内撤退，但为保证中国履行条款，日军暂时占领威海卫（位于今山东半岛东北端威海市）。

在另约中又规定：第一，所有暂行驻守威海卫的日本军队驻守需费，"中国自本约批准互换之日起，每一周年届满，贴交四分之一——库平银五十万两"。第二，在威海卫，应将刘公岛（位于山东半岛最东端的威海湾内）及威海卫口湾沿岸四十里以内地方，为日本国军队伍驻守之区。无论其为何处中国军队不宜逼近或驻扎，以杜生衅之端。第三，日本军队所驻地方，"治理之务仍归中国官员管理；但遇有日本国军队司令官为军队卫养安宁军纪及分布管理等事必须施行之处，一经出示颁行，则于中国官员亦当责守"。

四月二至十二日，光绪皇帝看到李鸿章派专人送来的条约之本，鉴于割地一事太苛刻，曾拒绝批准，但他毫无实力，顶不住内外压力，延至五月二日，不得不批准《马关条约》。第二天任命伍廷芳、联芳为换约大臣。五月八日，伍廷芳、联芳与日本伊东美久治在烟台换约，《马关条约》开始生效。

反割让台湾斗争

甲午战争后，清政府于光绪二十一年（1895）四月十七日与日本签订了《马关条约》，将台湾割让给日本。消息传出后，举国哗然，民众义愤填膺，进而掀起了一场声势浩大的反割让斗争浪潮。在京赶考的台湾举人上书都察院，强烈抗议清政府割让台湾，表示台湾人民"如其生为降虏，不如死为义民""台地军民必能舍生忘死"，为反抗日本侵占台湾奋战到底。台湾各界人士也以罢市、发表檄文、通电、上书等形式表示强烈抗议，表示要誓死守御，与山河共存亡。诸多民众拥到台湾巡抚衙门，抗议示威。

台湾一带人民出发"桑梓之地（在家宅旁边的树木，代称故乡），义与存亡"的誓言，每天都有数以千百计的群众参加抗日义军。

六月二日，清政府与日本签订了交割台湾的证书。实际上日军却早已于五月二十九日由近卫师团从冲绳（处于日本九州岛和中国台湾省之间）中城湾出发，分两路进攻台湾。台湾巡抚唐景崧及大小官吏和当地一些地主豪绅，仓皇内渡逃命，使日军不战而胜，于六月七日入侵台北。

唐景崧逃跑后，台湾人民纷纷组织义军，共同推举当时驻防台湾的刘永福为首领，领导抗战。

六月中旬，日军近卫师团由台北南犯，先后在新竹、台中、彰化、云林一带遭到台湾军民的激烈抵抗。当日军分三路进攻新竹时，刘永福派分统杨紫云为新竹守将，吴汤兴、姜绍祖率义军协同防御，与日军相持一个多月，多次打退日军进攻。在激战中，杨紫云苦战阵亡，姜绍祖力战不屈，最后壮烈牺牲，新竹沦陷。七月下旬，徐骧和刘永福联合反攻新竹，在城外三里的十八尖山上激战终日，大小战役二十余次，但因武器不良，只好退守大甲溪、台中、彰化一带，八月下旬，日军南犯大甲溪，徐骧和刘永福部将吴彭年同守大甲溪。吴彭年伏兵于大甲溪旁，突然出击，日军大败，溃退北渡，徐骧的伏兵又大呼横截，日军纷纷落水，死亡无数。激战数日后，因日军收买汉奸土匪袭击清军，日军才强取大甲溪。八月底，日军进犯彰化，抗日军民奋勇抵抗，双方在彰化东门外八卦山展开激战，击败日军主力师，日军少将山根信成毙命。后日军收买汉奸，由小路抄袭义军。义军拼死抵抗，吴汤兴率三十人冲向敌阵，中炮牺牲，吴彭年率三百勇士死守八卦山，全部英勇战死。徐骧率众冲锋肉搏，突出重围，退往台南。台中、彰化失陷后，刘永福急派王德林率军守嘉义城，派杨泗洪率军反攻彰化，高山族人民纷纷起来抗战，派遣七百健儿参加徐骧峋义军、义军虽多次反攻彰化，终因补充极度困难，无力克复。

十月上旬，日军近卫师团在不断增援的情况下，倾巢出动海、陆、步、马、炮全力进攻，台湾军民英勇奋战，日军才用很大力气侵占了云林、大莆村。接着大举进犯嘉义。嘉义志士林昆岗号召人民武装起来和守军王德标部合力抗击日军，王德标在城外设地雷诱敌，一举杀死敌人七百余。后来日军用大炮轰塌城墙，窜进城中，义军浴血巷战，逐街逐屋地争夺，杀伤日军无数，日军近卫师团团长中将北白川能久亲王也受重伤而毙命。日军死伤甚重，气急败坏，疯狂进攻。而台湾军民死命苦战，林昆岗发誓说："如果天命绝我台湾，今天一战当先把我打死。"此时军民已饥困寡不

敌众，林昆岗英勇战死，嘉义城破，王德标奋战阵亡。日军花了重大代价夺取了嘉义，接着包围台南。

刘永福黑旗军和徐骧等路义军在嘉义失陷后仍坚持抗战。日军第二师团在台湾南部枋寮（liáo）和台南以北的布袋口登陆，配合近卫师团夹攻台南，布袋口登陆日军与义军大战于曾文溪，徐骧率义军和高山族勇士死守曾文溪，战至枪弹断绝，仍持短刀迎击敌人。徐骧持刀督战，大呼"此地失守，台湾就完了，我是不愿偷生还大陆的"。于是与从者五十余人皆战死。十月中旬，日军夹攻台南府城，刘永福率军驻守安平炮台，城中绝食，守军溃散。十九日刘永福兵败返回大陆。二十一日台南沦陷。

台湾人民经过五个多月的激烈战斗，抗击了日本三个近代化师团和一支海军舰队，打死打伤日军三万两千多人。台湾军民为保卫祖国的神圣领土，写下了悲壮的一页。在此后日本统治台湾的五十年时间里，台湾各族人民一直坚持反抗侵略，要求返回祖国的斗争从未止息。

康有为和公车上书

康有为，原名祖诒，1858 年出生于一个小官僚家庭，因为他是广东南海人，后来他的弟子便称他为南海先生。

康有为的祖父做过学博（县学教官），父亲做过知县。康有为11 岁时，父亲死了，他就到连州县跟祖父康赞修学习理学。他学得非常用功，开口闭口总是"圣人云"，因此，人们把康有为称作"圣人云"。但这个"圣人云"的思想却并不保守，他善于独立思考问题，从不屈从于师说。例如，他19 岁的时候，由于祖父去世，便到朱次琦老先生的礼山草堂学习。他的这位老师十分推崇韩昌黎，而康有为却不以为然，认为韩昌黎讲道不如庄子、荀子，讲法不如管子、韩非，而且道术既浅薄又空虚。他的这番评论让朱次琦很不高兴，斥责他"猖狂"，他的同学也嘲笑他对老师无礼。

离开朱次琦的礼山草堂后，康有为亲眼看见了国家的衰败和人民生活的艰难，产生了要振兴国家的思想。后来，他到过香港、上海等地，看到西方资产阶级治理社会很有一套，思想上颇受启发。阅读了一些有关西学的书籍后，资产阶级的政治、经济和文化思想开始在他的头脑里占有一定的地位，并且逐渐形成了一个坚强的信念：中国只有通过变法才能自强。

1891年，康有为在广州长兴里创立万木草堂，招生讲学，宣传西方的思想。并且发表了《新学伪经考》《大同书》和《孔子改制考》等论著，为变法制造舆论氛围。

1895年，即中日甲午战争之后的第二年，康有为第二次到北京参加会试。当康有为得知清政府派李鸿章到日本议和，准备割让辽东半岛和台湾，向日本赔偿军费二万万两的消息后，立刻联合广东、湖南等地来参加会议的举人签名，三月二十八日呈上了一封《上皇帝书》。康有为为了进一步扩大声势，就鼓动十八省的举人都来上书。于是，举人们连日上书，有时甚至围住清大臣的车子，请求不要批准《马关条约》。康有为认为士气可用，就联合十八省举人在宣武门外达智桥松筠庵的谏草堂集会，向各省举人陈说《马关条约》丧权辱国的内容以及变法强国的道理。到会的举人个个义愤填膺，决定联名向皇帝上书，请求皇帝下诏，拒绝签订《马关条约》。大家一致推选康有为起草上书。

康有为用了一天两夜的时间，写成一篇一万多字的奏书。提出迁都、练兵、变法的建议。在奏书上签名的举人达一千三百多个。因为和日本签订的和约要于四月十四日在烟台换约，为阻止换约，上书定在十日进行。但朝廷里的主和派害怕事情会有变化，便于八日提前将条约送到北京。于是，各省举人也就改在八日上书。这一天本来天气晴朗，风和日丽，但正当约定上书的时间，却突然风雨大作，雷电交加。留在松筠庵的一百多名举人见了，都很感叹，认为这是不好的征兆，大家都闷闷不乐。果然，奏书上递后，都察院拒受。

过去参加科考的举人由公家出车接送。所以，康有为发起的这一次上书活动称为"公车上书"。

《时务报》创刊

光绪二十二年（1896）二月，京、沪强学会相继停办后，离沪返粤的康有为主张在上海办一报纸以继续宣传变法思想。这时其好友黄遵宪正闲职在沪，他完全赞成康有为的主张，即与从湘来沪的汪康年商议办报一事。汪康年赞成并决定请梁启超参加。四月，梁启超应约来沪。三人商议后，决定将存在汪康年那里的强学会余款及变卖强学会房产器物的资款共计白银一千二百两和黄遵宪本人自捐的银圆一千元，以及过去盛宣怀捐的白银五百两，邹凌瀚捐的银圆五百元，黄爱荣、秒竹石各捐的银圆一百元，作为办报资金。然后又买了上海福州路福建路口的一处房子为馆址。经商议决定报名为《时务报》。先由梁启超草拟了办报章程三十条，然后由黄遵宪修改后定稿。之后，黄遵宪委托日本驻上海总领事代请订立合同，批准了出版手段。规定该报为旬刊。十日一期，每期三万字。册订，第一册二十余页。此报分"论说""谕折""京外近事""域外报译"诸栏，而"域外报译"几乎占全册的二分之一，另附有各地学规、章程等。报馆总理为汪康年，主笔为梁启超（黄遵宪九月离沪赴湘），麦梦华、徐勤、欧榘（jǔ）甲、章炳麟等先后为撰述。此外，还请张坤德、郭家骥、日本人古城贞吉分别任英、法、日文报纸译事。聘黄春芳为理事（管印书兼银钱事务），吴樵为坐办。待一切准备就绪后，光绪二十二年七月初一（1896 年 8 月 9 日），《时务报》第一期出版。《时务报》以"变法图存"为宗旨，积极宣传改良救国思想。梁启超在创刊号上首载论文《沦报馆有益于国是》，列述西方发达国家办报业的发达，指出报纸的作用是"有助于耳目喉舌而起天下之废疾"，今日创办《时务报》的目的在于"去塞求通"。《时务报》创刊初期，在梁启超主持下，几乎每册都有一至两篇论文。《时务报》第二至第三十九期连载了梁启超的《变法通议》，《变法通议》揭露了封建制度的腐杇，抨击了封建顽固派的因循保守，指出变法的必要性。由于梁启超议论新颖，文字通俗，所以深受国人欢迎。数月之间报刊风行海内外，影响极大。因此，数月之间，销行万余份，是中国有报以来前所未有的。随着《时务报》销行日广，逐渐受到各方注视。当时湖广总督张之洞饬行湖北全省"官销《时务报》"，命湖北省大小衙门，都要按期寄送一本，各局、各书院、各学堂分别分送，所有报款由善后局"汇总支发"并向报馆捐银五百两。

　　《时务报》自开办起就存在以梁启超为首的维新派和以汪康年为代表的保守派之争。张之洞虽然初时支持《时务报》，但后来他主要成为汪康年的幕后支持者。光绪二十三年（1897）六月，《时务报》第四十期刊登了梁启超的《知耻学会序》，文中对封建官僚、军阀、买办备加指责，因此遭到张之洞的干预。他电饬湖南巡抚陈宝箴等"速告湘省送报之人，此册千万勿送"。不允许有"干名犯义"的该册在所辖地区流传。汪梁矛盾从这时起开始激化。十一月，梁启超应黄遵宪等人之聘到湖南时务学堂任中文总教习，但仍兼管《时务报》，从这时起，汪康年担任《时务报》主笔。《时务报》刊登的论文减少，内容多"洋务"滥调，《时务报》从此转向保守，初期作用几乎丧失。光绪二十四年（1898）三月三日，梁启超致书汪康年，辞去《时务报》主笔职务，至此《时务报》完全被保守派控制。

　　同年六月十一日，光绪帝下"定国是诏"实行变法。宋伯鲁上《改时务报为官报折》，认为《时务报》依西报体例，议论明达，翻译鲜明，对两年来民气大开，培养人才大有功绩，建议将《时务报》改为官报。光绪帝准奏。七月二十六日下谕将《时务报》改为官报，派康有为督办其事。八月九日下谕按照官书局之例，由两江总督按月筹拨银一千两，并另拨开办经费六千两。《时务报》改为官报，是"百日维新"的一大政绩，但由于保守派张之洞等人的干涉，康有为终未督办事成。光绪二十四年（1898）八月十八日，《时务报》终刊，总计出刊六十九册。以后由汪康年改为《昌言报》。

强学会成立

　　光绪二十一年（1895）五月，康有为发起公车上书后，帝党开始接近维新派。八月，在帝党翁同龢的支持下，经康有为、梁启超的多方奔走和推动，由帝党成员、翰林院诗读学士文廷式出面，组织强学会。杨锐、沈曾植、沈曾桐、汪大燮、孙家鼐（nài）等数十人参加。大家推户部主事陈炽为提调，梁启超为书记员。陈炽是具有维新思想的官吏，当时任户部郎中，甲午战前就发表过宣传变法维新的言论，有一定的社会影响。会址设在北京宣武门外后孙公园，即《万国公报》所在地。强学会每十天集会一次，每次集会都有人演说，宣传变法维新主张。

北京强学会正式"开局"后，先以报事为主，把《万国公报》改名为《中外纪闻》。由梁启超、汪大燮担任主笔，并且向上海购买译书，准备在北京琉璃厂开设图书馆，报纸重在介绍西方国家政治经济情况，同时也刊载清廷奏章，意在开阔知识，宣传变法思想。最初每期刊印一千份，很快即扩大至每期两三千份。

强学会的宗旨是"求中国自强之学"。康有为还亲自写了《强学会叙》，指出中国形势危急犹如"被于火薪之上"，大声疾呼："俄北瞰，英西眈（shǎn，窥视），法南瞬，日东眈，处四强邻之中而为中国，岌岌哉！"呼吁封建官僚和士大夫们起来挽救民族危亡。户部尚书翁同龢曾表示愿从户部拨款支持该会，强学会一时声势颇大，除了赞成维新的人参加外，一些官僚为博取声誉，也来投机，如两江总督张之洞、直隶总督王文韶以及在天津小站练兵的道员袁世凯或捐款或入会，甚至连李鸿章也想捐银两千两入会，因其声名太坏而遭拒绝。外国传教士李提摩太、李佳白、林乐知等人也纷纷加入强学会，想借此对强学会施加影响，甚至英国当时驻华公使欧格讷也亲自参加，并捐助图书。

强学会的活动，引起顽固守旧官僚的忌恨和惶恐，后党官僚荣禄、刚毅等人群起反对。大学士徐桐扬言要上奏弹劾康有为"谋反"，遂使北京的风声紧张起来。十月，康有为迫于形势，留梁启超在京坚持工作，自己离京南下，十一月到上海，在取得两江总督张之洞的支持后，发起组织上海强学会分会，黄遵宪、张謇（jiǎn）、汪康年、章炳麟、梁朋芬、陈宝琛等几十人为会员。

上海强学会在章程中指出："本会专为中国自强而立""此会专为联心，讲学术，以保卫中国"。宣示挽救危亡，"保卫中国"的旨意。标明译印图书；刊布报纸；开大书藏；开博物院，为"最要者四事"，表达了学习西方的愿望。

刊布报纸是上海强学会"最要者四事"之一，康有为也自称"急欲办报"，并在沪期间，电调门人徐勤、何树龄由粤来沪办报，于是在光绪二十一年一月二十八日（1896年1月12日）创刊出版《强学报》。拟为五日刊，由徐勤、何树龄担任主笔，上海强学会书局铅字排印，免费分发读者。康有为作序，倡言"学则强，群则强"，刊出《上海强学会章程》，规定维新宗旨。其论说以发明强学之意为主。次录上谕，刊布廷寄，鼓吹议会办报，力言封建科举制度的积弊，阐述变法当知本原，主张开设议院"以通下情"。用孔子纪年。于一月二十二日左右终刊，共出三号。

强学会由北京发展到上海，虽然其中混进了一些投机取巧的人物，但主要力量仍是维新派。变法维新的声势愈来愈大，反动势力的反扑也愈加严重。李鸿章的亲家、御史杨崇伊弹劾强学会"植党营私"，"私立会党，将开处士横议之风"，攻击《中外纪闻》鼓吹西学，背叛"圣教"，请求严禁。北京强学会随即被查封，《中外纪闻》也被禁止发行。这时，以"通达时务"自诩的张之洞见风转舵，跟着查封了上海强学会和《强学报》。不久，杨宗伊又弹劾强学会发起人文廷式等"互相标榜，议论时政"，文廷式竟被革职回籍，"永不叙用"。

强学会被迫解散后，维新派仍继续宣传自己的政治主张，经翁同龢的活动，在北京强学会的旧址设立官书局，每月经费一千两，任务是翻译外国新书和报刊文章。维新派人士黄遵宪、汪康年等又在上海创办《时务报》(旬刊)，邀请梁启超到上海任主笔。

戊戌政变

同治皇帝驾崩时年仅19岁，没有留下可以继承皇位的子嗣，所以慈禧太后便将年仅4岁的载湉接入宫中，让他继位。载湉就是光绪帝。在同治帝生前，权力欲极强的慈禧太后就已垂帘听政，独揽大权。光绪长大后，慈禧太后仍然垂帘听政，国家大事多由慈禧做主。光绪帝遇事往往先请示慈禧，再做出决定。慈禧对光绪帝俯首帖耳的态度十分满意。1898年，光绪帝长大成人，慈禧太后将权力归还给光绪帝，退居颐和园，但她仍培植党羽，打算再次寻找机会垂帘听政。

签订《马关条约》的消息传到北京以后，参加会试的康有为和梁启超一起写了《上皇帝疏》，请求清政府不要履行这个条约。参加会试的举人们也在上疏上签了名。因为在汉代，读书人往往都是政府用车马接送被征举的，所以，人们将这次上疏事件称为"公车上书"。"公车上书"对社会的影响和震动很大，康有为在这次上疏中表现出色，成为维新派的核心人物。第二天，康有为得知考中进士，以进士身份向光绪帝上疏，阐述变法的主张，言辞恳切。光绪帝读了康有为的文章，心里久久不能平静。他想到清朝内政的种种弊端难除，外交又屡屡失败，曾经繁荣昌盛的大清现今处于落后挨打的局面。如果不变法，很有可能亡国灭族，恨不得立刻进行变法。

1898 年 6 月 11 日，光绪帝颁布《明定国是诏》，开始大刀阔斧地进行变法。此后，光绪帝重用支持维新变法的人士，任命康有为为总理衙门章京行走，又让谭嗣同、刘光第、杨锐、林旭四位主张维新变法的人士进入军机处，便于通过他们执行旨意，并且逐渐裁撤反对变法的守旧官员。新政推行以来，朝廷内外出现一派新气象。官吏中的歪风邪气很大程度上被纠正了，各处的新式学堂开课了，中国通商银行、矿务局等新式企业开办起来了。光绪帝的举动震惊朝野，也引起了慈禧太后的极大不满。以慈禧为首的顽固派都在磨刀霍霍，随时准备为保守旧制而战。慈禧迫使光绪帝任命荣禄为直隶总督兼北洋大臣，并撤去翁同龢的职务，勒令他返回原籍。此后，支持慈禧太后、反对变法的顽固派和支持光绪帝、主张变法的维新派不断地进行着较量。

9 月初，直隶总督荣禄暗中将军队调到天津和长辛店。当时有传言说荣禄将在秋天乘光绪帝赴天津阅兵之机逼迫光绪帝退位。光绪帝得知此事后十分惊恐，急命康有为等人想解决之法。当时朝廷的将领中，拥有数千新军的袁世凯支持变法。于是谭嗣同前去试探袁世凯，并请他发兵诛杀荣禄，保护光绪帝。光绪帝等人不曾料想，袁世凯是荣禄的爪牙。袁世凯急忙赶回天津将此事报知荣禄，荣禄又急忙通知庆亲王奕劻（kuāng）转告慈禧太后光绪帝的密谋。慈禧太后闻听此事，怒不可遏，决定向以光绪帝为首的维新派正式宣战。

9 月 21 日，慈禧太后发动政变。她派太监请光绪帝前往瀛台（位于中南海南海中的仙岛皇宫）候驾。在光绪帝来到之时，将光绪帝幽禁于此。慈禧太后一面安排幽禁光绪帝，一面派人全力缉拿康有为、谭嗣同等维新派人士。康有为得到消息后逃往日本避难；谭嗣同则斩钉截铁地回绝道："各国变革无不从流血开始，如果中国维新也必须流血，那么，就从我谭某开始吧！"除谭嗣同外，杨深秀、康广仁、刘光第、林旭、杨锐等主张维新变法的人也被杀害。人们称他们为"戊戌六君子"。

戊戌变法失败以后，维新派的改革措施多被废止，只有京师大学堂保留了下来。曾经赞成新政的官吏被革职驱除。而荣禄、袁世凯等人则加官晋爵，成为慈禧太后身边的大红人。

光绪帝主张的维新变法持续短短 103 天就失败了，史称"百日维新"。

戊戌变法虽然以失败告终，但是它具有很大的进步意义。这次变法实际上是资产阶级救亡运动，它促进了中国人民的觉醒，也激发了当时人们的爱国思想和民族意识，成为以后各种救亡运动的先导。

义和团运动

19 世纪末，英、法、日先后发动四次侵华战争，帝国主义在中国疯狂强占"租借地"和划分"势力范围"，掀起瓜分中国的狂潮，他们强迫清政府签订了一系列丧权辱国的不平等条约。大量的割地赔款使中国人民陷入水深火热之中。清政府腐败无能，内部矛盾纷杂，维新党同保守党的斗争尤为尖锐，清政府陷于内忧外患之中。

由于德国军队入侵胶州湾，德国教会变本加厉地剥削，教会势力不断扩张，横行乡里，鱼肉百姓，终于激起了大规模的农民反帝爱国运动——义和团（义和拳）斗争。涞水、定义、新城、涿州等地人民，在朱红灯、张德成、曹福田等各阶层有识之士的领导下，相继揭竿而起，打起了"替天行道，国民捐助"的大旗。一时间应者云集，农民、手工业者、小商贩、青年妇女等全都戴着红色或黄色的头巾，手中拿着大刀、长矛，从乡村拥向城镇。起义军提出"保护中原，驱逐洋寇""上能保国、下能安民"的口号，赢得了广大群众的同情和支持。1899年秋，山东平原等县适逢严重天灾，教会通过教民趁灾打劫，囤积居奇（大量收购、储存商品或市场上比较稀缺的物资，等待时机，高价出售），肆意抬高粮价，激起极大民愤。9月，平原岗子教民劣绅李金榜，仗势欺凌村民李长水，引起教民争斗。李仗势向官府以"抢案"告发，致使6名拳民无辜被捕。10月9日，朱红灯应邀率队去到平原，砸毁两所教堂，严惩了一些作恶的教徒。平原知县蒋楷闻讯带守城官兵及衙役出城攻击，义和团把清兵杀得大败而逃。15日，济南知府卢昌治亲率卫队马步军赶到平原，同日晚间，候补知府袁世敦也率大队骑兵围攻，对义和团采取大规模军事镇压行动。朱红灯为避清军锋芒，先自撤离县城十余里，至森罗殿严阵以待，并警告清兵："若再相逼，自失颜面，勿怨我！"清军自恃人多势众，又仗拥有新式枪械，步步进逼，发动猛烈进攻。义和团冒着如雨弹丸，毫不畏惧，前仆后继，勇猛反击，重创来犯清军。溃乱之际，不料又有大队清军骑兵自恩县开来增援，对义和团实施两路夹攻，企图包围歼灭。朱红灯眼看敌我力量悬殊，于是在当地群众掩护、支持下，率义和团安全转移，最后又撤回到高唐、茌（chí）平一带原根据地坚持斗争。平原起义使山东的义和团运动进一步高涨起来。义和团大有"星星之火，可以燎原"的气势。这引起了清政府的极大恐慌。他们多次宣布义和团为"邪教"，严加禁止。以劳乃宣、袁世凯等人为代表的"主剿派"，多次派兵镇压、围剿。

义和团在这种环境下，毫不畏惧，在朱红灯、张德成等著名首领的指挥下，像两只铁拳，东挡西杀，可称得上兵来将挡，水来土掩，一方面抵抗清军的不断剿杀，另一方面痛击西方教会势力，去除百姓的重压。义和团在冠县梨园屯、日照等地，焚烧教堂，严厉惩办对平民百姓进行疯狂压榨的教士及教民，甚至于拆毁铁路、电线，使西方各国使馆大为惊慌。

义和团运动发展得异常神速。从秘密结社的少数团众提出"灭洋"的口号开始，短短几个月中，各地便形成了数以万计的大规模的农民起义军，并且迅速占据了涿州。

面对当时西方各国加紧瓜分中国这一严峻形势，义和团便提出了"扶清灭洋"的口号，以吸引更多的民众。这一口号广泛地争取到了一些爱国的官绅、士大夫和清军爱国将士支持，使这次运动空前高涨。义和团势力的迅速发展直接威胁着清王朝的统治。慈禧等人害怕一味"剿办"，会"激成变端"，于是使用安抚的办法企图解散、收编这支武装力量。义和团在斗争中无形地争得合法地位，不久迅速在北京、天津附近发展起来。

随着北京附近各县义和团声势浩大斗争的开展，外州县团众三五十人一队陆续涌入京城。清政府的各个大小衙门、王公住宅多有义和团把守监视，并在各重要路口、内外城门口布岗设哨。满汉各营的士兵、武卫后军等军士几乎全部参加了义和团。到处都是义和团的揭帖："还我江山还我权，刀山火海也敢钻，哪怕皇上服了外，不杀洋人誓不完。"此时，总理衙门的权势一落千丈。北京政权虽然没有被义和团直接控制，但义和团声势浩大的斗争却在北京产生了日益增长的政治影响。

1900年6月10日，八国联军两千多人在英国海军中将西摩尔率领下，分批由天津乘5列火车向北京进犯。义和团以破坏铁路相阻截，侵略军只得边修路边推进。次日傍晚，侵略军进至落堡车站附近，因前方路轨被挖而停顿抢修铁路。12日下午，数百名义和团战士举着大刀、长矛，由铁路北向侵略军发动攻击，导致激战。后因侵略军后队美军赶到，在铁路两旁架起大炮，"两面开炮夹攻"，义和团遭受重大伤亡。次日，侵略军以一个支队兵力驻守落堡，其余部队则继续推进。津京全线火车原只有三四小时的路程，可是直至13日晚，竟用了八十多个小时，才到达离北京尚有一半距离的廊坊车站。14日清晨，侵略军的第一列火车刚从廊坊开出十余里，第二列火车尚在车站加水待发之时，突然从铁路两旁涌出三百多名义和团战士向廊坊车站发起围攻，经一番恶战，义和团击毙意大利侵略军5名，杀伤多人。同一天，另一部义和团还包围袭击了盘踞在落堡车站的侵略军。西摩尔只得令第一列火车返回廊坊车站相救，同时又派一列火车载运大炮前往落堡解围。18日，大队义和团联合清军董福祥部共两千余人，又一次向廊房侵略军发起猛攻，激战两小时。义和团战士迎着敌人的炮火，猛冲敌阵，杀死敌人五十多人，迫使侵略军向杨村撤退，妄图改由水路入侵北京。当晚义和团再一次在杨村车站向敌人发动进攻，打死打伤侵略军40人。西摩尔只好率全部侵略军向天津退逃。侵略军在溃退中，沿途又不断遭受义和团的阻击，迟至25日才在2000名沙俄援兵接应下，逃进天津租界。廊房、落堡战役使八国联军遭到了沉重打击，前后总计被打死打伤374人。

1900年7月，八国联军攻陷天津。8月初，各国侵略军统帅举行会议，商量进攻北京。当时京津铁路已被毁坏，侵略者决定沿运河取道通州西进。8月4日，侵略军约2万人从天津出发。英、美、日三国侵略军沿运河西岸，俄、德、法、奥、意五国侵略军沿东岸向北京进犯。当时，京津之间的清军尚有数万人。但慈禧不想抵抗，而是向侵略者乞降。她一面电催李鸿章北上与列强议和，一面命人通知各国统帅，乞求停战。随着侵略军的推进，清军望风溃逃，仅少数部队抵抗。京津沿线的义和团战士则顽强地战斗。侵略军到哪里，哪里就有义和团阻击。

8月5日，八国联军到达离天津仅10公里的北仓。驻北仓的有从天津撤出的马玉昆率领的清武卫右军，聂士成的武卫前军余部把守着运河西岸的韩家墅。侵略军到北仓后，即与马玉昆部遭遇。义和团大队人马数千人立即从附近各地赶来，和清军会合，阻击侵略者。5日凌晨，侵略军向北仓发起攻击。义和团战士和武卫右军在运河两岸挖战壕，顽强抗击，与敌人展开血战。义和团战士还掘开运河，放水阻遏敌人。双方激战多时，几次打退了八国联军的进攻。敌人见攻不下北仓，转而攻运河西岸的韩家墅。守卫在那里的清军人少，韩家墅被日、美、英军队占领。于是敌人渡过运河，从侧翼进攻北仓阵地。义和团和清军遭到敌人夹击，马玉昆的军队在混战中撤退，大批义和团战士壮烈牺牲，北仓失守。北仓阻击战，是八国联军进犯北京途中遭到的一次沉重打击。义和团战士和部分清军官兵英勇作战，歼灭侵略军一千三百余人，其中俄军六百多人，日军四百多人，英军一百二十余人。北仓阻击战的第二天，俄国陆军中将苏罗捷科夫致陆军大臣电报中承认："中国现在已经表明，它能够为种族斗争提供多么巨大的兵力、金钱和精力，所缺乏的只是组织和组织者。"义和团就在这种腹背受敌的状态下艰苦作战，进行斗争。后来，八国联军兵临城下。慈禧临阵脱逃，而义和团的将士们却在城中浴血奋战，献出了自己的鲜血和生命。

随着北京失陷，八国联军到处烧杀淫掠，扩大侵略。以慈禧太后为首的清政府，决心对外彻底投降，对义和团"痛加铲除"。西太后在流亡途中，颁发"剿匪"上谕，通令官兵全力剿办义和团，做到斩尽杀绝。

由于清政府同西方列强的相互勾结，共同绞杀，使义和团不断分化、瓦解，直至名存实亡。然而，义和团运动以它独特的斗争内容和斗争形式，席卷了大半个中国，震惊了资本主义世界，在中国近代反帝反封建的历史上留下了光辉的一页。

八国联军侵华

戊戌变法失败后，光绪皇帝被慈禧太后软禁在颐和园。国家不能没有皇帝，慈禧就立端王的儿子溥仪为大阿哥，来取代光绪。可谁想到各国公使拒绝入宫庆贺，表示不承认这位"大阿哥"。这下慈禧可气坏了，她想："平时我对洋人不薄，要什么给什么，对你们百般照顾，可现在连这点面子都不给！"于是她就想报复洋人一下。这时协办大学士（清内阁成员，全国最高行政长官之一）刚毅早就看透了她的心思，他对慈禧说："洋人的气焰也太嚣张了，连老佛爷都不放在眼里，我们不如教训他们一下，让他们也知道我大清帝国的厉害！"

慈禧听完面带难色，说道："你又不是不知道，自从1840年中英战争以来，洋人坚船利炮，我大清的大刀长矛是无法抵挡的，用什么办法去教训他们呢？"

刚毅平日巡察各地时，亲眼见到教会任意欺压中国百姓的情况，而且教会也经常不把他这个协办大学士放在眼里。这时各地正在闹义和团，刚毅得知义和团烧教堂、杀洋人，勇猛无敌，洋人们都惧怕他们几分，于是就趁机说道："老佛爷有所不知，如今义和团活动相当广泛，山东、直隶一带，遍地都是。义和团个个武艺高强，如果我们派兵镇压，要花费很大力量，得不偿失。不如我们利用义和团仇恨洋人的心理去对付洋人。这样既教训了洋人，又可以消耗掉义和团的力量。"

慈禧听后大喜，当即命令刚毅主持这件事。于是刚毅向各地发布命令，承认义和团合法，禁止清军镇压义和团。

这样一来，义和团就像雨后春笋般迅速发展起来，山东、直隶的各县各村，到处都是"神坛""拳厂"。1900 年四五月以后，义和团开始进入清朝的"心脏"——京津地区。在北京、天津城里到处贴有义和团的告示，上面写着："最恨和约，误国殃民，上行政效，民冤不申""练习义和神拳，保护中原，驱逐洋寇，以免生灵涂炭"等等。义和团还打起"扶清灭洋"的旗帜，吸引许多清兵也参加了义和团。

声势浩大的义和团运动，沉重打击了帝国主义在华利益。于是他们决定采取联合行动，镇压义和团。

1900 年 6 月 10 日，英、俄、日、法、德、美、意、奥组成八国联军两千多人，由英国海军中将西摩尔率领，从大沽经天津向北京进犯，从而开始了八国联军侵略中国的战争。

帝国主义的侵略必然遭到中国人民的反抗。西摩尔联军在向北京进犯途中，遭到了义和团及部分爱国清军的阻击。在落堡一带，义和团将通向北京的铁路拆毁。西摩尔不得不命令部队停下来抢修铁路，结果中了义和团的埋伏，有几十人被打死。联军在落堡战败后，逃窜到廊坊，又遭到三百多义和团和清兵统帅董福祥率领的甘军的打击，死伤无数。这就是著名的"廊坊大捷"。西摩尔联军真是上天无路，入地无门，只得夹着尾巴逃回天津。

联军一见西摩尔战败，大惊失色，慌忙又调集大批侵略军进入天津，驻扎在紫竹林租界里。

6月17日，天津紫竹林租界枪炮齐鸣，喊杀震天，义和团围攻租界的战斗打响了。

紫竹林租界在渤佳（zhuī）的地方。可是自从第二次鸦片战争以来，这个地方被帝国主义列强强行占领了。他们在那里建教堂、盖洋房，驱逐原先居住在这个地方的中国人，还到处挂出"华人与狗，不得入内"的牌子，来污辱中国人。人们对这里的洋人恨透了。

打响进攻紫竹林第一枪的，是武备学堂（清末的陆军学校）的学生们。武备学堂位于紫竹林租界东面，是清朝培训军官的学校。当义和团在天津兴起的时候，武备学堂的许多学生也加入进去。6月17日早上，学生们乘洋人不备，开炮猛烈轰击紫竹林租界。炮弹带着中国人对帝国主义的仇恨，在租界中开了花。那些屋顶尖尖的教堂随着炮弹的爆炸一座座倒塌了，那些不可一世的教士这次也都提前见他们的上帝去了。由于武备学堂威胁很大，所以联军立即派大批军队扑向武备学堂。在学堂学生们的英勇抵抗下，联军始终没能冲进学堂。恶毒的侵略者们气急败坏，竟放火烧房，引起学堂内的火药库爆炸，学堂学生全部壮烈牺牲。

就在武备学堂学生们英勇抵抗侵略者反扑的同时，另一路义和团在大师兄曹福田的率领下，开始了攻打老龙头车站（今天津站）的战斗。

曹福田，本是清军中的一个小兵，后来因不满清军对外投降、对内欺压百姓的行径而开了小差儿。1900年5月，他来到天津，凭着一身好武艺，开设坛厂，组织了一支六七千人的义和团队伍。在攻打紫竹林租界之前，曹福田就意识到：老龙头车站既是联军由大沽向津、京增兵的枢纽，也是租界与外界联系的要地。如果抢占了老龙头车站，也就切断了租界内兵力、粮食等供应的生命线，那么租界内的敌军就会不战自败了。

因此，在攻打租界的炮声响过后，曹福田立即率领义和团赶赴老龙头车站。守护在车站内的是俄国的两千军队。他们占据有利地形，构筑了坚固的工事。曹福田一到，就下令包围车站，向俄军发动猛攻。为了配合作战，义和团还在三岔河口、黑炮台等地架起大炮，猛轰车站。一时间，枪炮声、喊杀声连成一片，俄军被打得哭爹喊娘仓皇逃走。不久，联军增派七八千援军，带着新式的枪炮反扑。义和团寡不敌众，被迫退出车站，但仍对车站采取包围之势，寻机反攻。

争夺老龙头车站的战斗还在激烈地进行，由张德成率领的义和团，从马家口向紫竹林发起进攻。

张德成本是在海河上以撑船为业的船夫，后来由于帝国主义在天津附近修建铁路，霸占码头，张德成就没有了生计。他痛恨洋人，为了生活，就在天津郊区独流镇组织义和团，不久发展到两万余人，号称"义和神拳天下第一坛"。他这次是与曹福田商量好，联合攻打租界的。

由于联军使用的都是先进的洋枪、洋炮，并且在租界周围布满了地雷；而义和团大多使用大刀长矛，还有的使用镐头铁锹，武器相当落后。虽然义和团战士们个个勇猛顽强高喊着"刀枪不入，杀尽洋人"的口号，一批批地向上冲但又一批批地死在联军罪恶的子弹下。义和团接连进攻了十几次，都没能成功。眼见着战士们一批批地死去，张德成心急如焚，他猛然脱掉上衣，怒骂道："狗娘养的，我跟你们拼了！"说着抢起大片刀就要向上冲。这时忽然背后有人高喊道："大师兄，且慢！"

张德成回头一看，原来是红灯照（是义和团在天津独有一种专收妇女的拳，一般说法是她们全身穿着红色装束，手提红灯笼，故称作红灯照）的黄莲圣母。

这位黄莲圣母，是天津附近的红灯照首领，原名叫林黑儿，父母、丈夫、子女都被洋人杀害，她带着对洋人的满腔仇恨投奔义和团，并组织了红灯照，召集许多年轻女子参加进来。她还散发传单，上写："一片苦海望无津，小神忙乱走风尘，八千十万神兵起，扫灭洋人世界新。"并自称是黄莲圣母，成为红灯照领袖。

这时就见黄莲圣母，头戴红布，身披红氅(chǎng)，足蹬红鞋，腰间佩剑，剑柄上的红绸子迎风摆动，一副英姿飒爽的侠女形象。黄莲圣母走上前来，向张德成一拱手："大师兄何必惊慌，待我略施小计就能制服洋鬼子。"

说完，黄莲圣母叫人马上找来五十多头凶猛剽悍的公牛，又让义和团战士们在牛角上绑上锋利的匕首，牛尾上挂满一串串的大爆竹。张德成一看，不禁拍手叫绝："大摆公牛阵，准叫洋鬼子吃不消！"说完立即下令点燃牛尾巴上的爆竹。

爆竹一响，公牛一下子都惊了，它们拼命地向租界里冲去。租界周围的地雷被公牛踏响，大批的联军士兵被牛踩死或被牛角上的尖刀刺死，租界内的联军弹药库也被牛尾巴上的爆竹点燃，爆炸升天。联军一下子乱了阵脚，义和团乘势冲入租界，占领了许多地方。

在天津义和团奋勇杀敌的同时，北京义和团也与侵略者进行了殊死搏斗，狠狠地打击了侵略者的气焰。

然而，正当义和团战士在前线浴血奋战的时候，慈禧太后这个反复无常的家伙终于露出了她的卖国嘴脸。在此以前，她允许义和团反对八国联军的活动，只不过是泄私愤而已。7月初，慈禧就密令天津提督宋庆，不惜余力，屠杀义和团。在宋庆的血腥镇压下，义和团损失惨重，天津全城很快被侵略者占领。

8月4日，八国联军两万多人，从天津沿运河向北京进犯。途中遭到义和团的沉重打击，从天津到北京不到二百里，而联军却走了半个月才开到北京城下。

慈禧太后一看大势不好，急忙请李鸿章出城求和，并送去西瓜、冰块给联军解暑。但是联军拒绝慈禧的求和要求，向北京发动了猛烈进攻。慈禧和她的亲信们只得弃城逃跑。就在她逃出北京的同时还下令让留守的清军配合联军将义和团斩尽杀绝。

联军进入北京后，疯狂地烧杀抢掠：日军从户部抢走三百万两银子后，还放火烧毁户部以毁灭罪证；法军将无辜群众赶入一个胡同内，用机枪扫射，当场打死几千人……几天时间，繁华富庶的北京城被洗劫一空。

帝国主义在屠杀中国人民、抢夺中国财物的同时，还强迫清政府签订了《辛丑条约》。条约里面有清政府向帝国主义赔款四亿五千万两白银，在北京设立使馆区，拆毁大沽炮台，外国军队进驻北京等许多丧权辱国的条件。

《辛丑条约》签订以后，腐败的清政府完全成了"洋人的朝廷"。照此下去，有几千年灿烂文化的中国就要亡国了。在这种情况下，出现了孙中山等一大批有志之士。他们反对腐朽的清王朝，寻求救国救民的真理，掀起了规模巨大的反清革命运动。

同盟会的成立和革命的高涨

20 世纪初，资产阶级民主革命思想得到广泛传播，出现了章炳麟、邹容、陈天华等著名民主革命思想家和宣传家。随着民主革命思想的广泛传播，资产阶级革命团体也相继建立起来。1894年，孙中山创立了中国资产阶级第一个革命团体——兴中会。兴中会以"驱除鞑虏，恢复中国，创立合众政府"为民主革命纲领。1895 年 1 月，孙中山回到香港，继续联络同志，于 2 月 21 日建立了兴中会总部。兴中会总部的建立，标志着资产阶级革命派正式登上历史舞台。

1904 年，华兴会、光复会策划长沙起义败露，迫使很多革命志士流亡到日本。1905 年 7 月，孙中山从欧洲来到日本，在他和黄兴的倡导下，兴中会与华兴会联合，并吸收光复会、科学补习所等多个组织参加。

1905 年 8 月 20 日，中国同盟会成立大会在日本东京举行，有国内 17 省的代表一百多人出席。大会通过了同盟会章程，会议以孙中山为同盟会总理，黄兴为副总理，并提出了中国同盟会的根本政治要求，即孙中山提出的"驱除鞑虏，恢复中华，创立民国，平均地权"十六字纲领。其机关刊物是当年 11 月创刊的《民报》。孙中山在发刊词中对"十六字纲领"做了进一步阐述，提出了"民族、民权、民生"三大主义的完整纲领，鲜明地举起了"三民主义"的旗帜，使许多知识分子摆脱了改良主义的影响，站到革命的立场上来。中国同盟会的成立，标志着中国资产阶级民主革命进入了一个新的阶段。

此后，中国同盟会还曾多次组织反清武装起义，试图推翻腐朽的清政府。虽然历次起义都没有成功，但从根本上动摇了清王朝的统治，增强革命的感召力，鼓舞了革命者的斗志，为最终推翻清朝统治创造了条件。

1911 年夏天，为反对清政府把川汉、粤汉铁路出卖给帝国主义，四川等省人民掀起了保路运动。同盟会员龙鸣剑等发动武装起义，建立了以同盟会员吴玉章、王天杰为首的荣县军政府，建立起了第一个地方革命政权。10 月 10 日，震惊中外的武昌起义再一次敲响了清王朝的丧钟。起义胜利后，同盟会总部由日本东京移至上海。

1912 年元旦中华民国成立，同盟会总部亦由上海移至南京。但是，帝国主义拒不承认革命政府，他们曾一度企图进行武装干涉，而清政府也仍躲在北平苟延残喘。

1912 年 4 月 1 日，孙中山迫于革命成功的需要和各方面的压力，不得不将大总统职务交到袁世凯的手中。而此时同盟会的实际负责人宋教仁醉心于"政党政治"，为了争取国会中的多数，未征得孙中山的同意，拉拢一些小党派与同盟会合并组成国民党，于 1912 年 8 月 25 日在北京召开了成立大会。国民党把同盟会纲领中的革命精神放弃殆尽，倒退成一个具有浓厚改良主义色彩的政治团体。1913 年，袁世凯在就任正式大总统后，于 11 月 4 日下令将国民党强行解散。

废除科举

科举制度是中国封建王朝用考试的方法选拔官员的一种制度，长期以来被不少读书人当作追求功名利禄、光宗耀祖的出路。隋朝开皇七年（587），隋文帝开始设科取士。所谓"科举"，就是分科取士的意思。

唐代科举有常举和制举（由皇帝临时确定名目的考试，且无定期）两种。其中，投考常举中明经、进士两科的人数较多。明经着重考对儒家经典的记诵；进士科着重考诗赋。因为重要官员大多是通过进士科发迹的，所以读书人一考中进士就荣耀非凡，被看作是"登龙门"。进士科着重以诗赋取士，这也是唐代大诗人辈出、唐诗在诗歌领域登峰造极的一个重要原因。武则天当上皇帝后，还开创了由皇帝亲自在宫殿殿试的制度，并增设了选拔武将的武举一科。

科举制沿袭到明清，显得更加完备。明清两朝，每隔三年在各省省城的贡院举行乡试，考期在农历八月，凡本省秀才、监生、贡生等考中的称为举人。会试在京城举行，考期先是在农历二月，后改为三月，考中的称贡士。贡士参加皇帝主持的殿试，又称廷试，分三甲取录。三甲取录：一甲三名，赐进士及第，第一名为状元，第二名为榜眼，第三名为探花；二甲若干人，赐进士出身；三甲若干人，赐同进士出身。列为三甲的被分别授予翰林院修撰、编修、庶吉士等官。科举考试的内容后来越来越钻牛角尖，明清两朝都以儒家经典"四书""五经"的文句为题，清朝还规定了文章的文体一定要采用八股文，解释不得背离朱熹的《四书集注》等书，促使读书人养成了脱离实际、死啃教条的风气。到了清朝光绪三十一年（1905），由于推行学校教育，科举制度才最终被废除。

黄花岗起义

黄花岗位于广州市先烈路，在此安葬着辛亥革命时期广州起义的革命烈士。因为在起义后，人们把寻找到的七十二名烈士的遗体埋葬于此，所以称"黄花岗七十二烈士"，把广州起义称作"黄花岗起义"。

1910年11月13日，孙中山在马来西亚北部的槟榔屿召集同盟会的重要骨干和国内外的代表，举行秘密会议，部署一次更大的武装起义，黄兴、赵声、胡汉民及国内外各省代表出席。孙中山鉴于当时武装起义屡遭失败，革命党人产生失望、悲观情绪的状况，大讲革命风潮已盛，激励士气。会议决定仍从海外华侨中募集巨款，集中全党人力，在广州举行一次更大规模的武装起义。因孙中山不能在国内立足，他只好委托黄兴去香港成立机关，主持广州起义的准备工作，计划占领广州后，由黄兴率一军入湖南，赵声率一军趋江西，谭人凤、焦达峰在长江流域举兵响应，然后会师南京，举行北伐，直捣北京，而他个人则远涉重洋，前往美洲募捐筹饷。

1911年1月底，黄兴与赵声等在香港跑马地三百五十六号组成了领导起义的总机关"统筹部"，经过五个月左右的紧张筹备，动员了大部分骨干，分派党人前往长江流域各地联络革命团体，并令专人负责发动新军、防营、巡警，又联络番禺、南海、惠州等地会党和"绿林"组成一支拥有八百人的敢死队，运送七百多支枪和三百多颗炸弹到广州，在那里设立三十八处秘密据点，预定于4月13日在广州发难，分十路袭取广州城，由赵声、黄兴担任革命军正副总指挥。由于革命党人从国外准备的枪弹、捐款没有及时送达，信息传达不及时，所以起义未能如期发动。

此前，4月8日，革命志士温生才在广州刺杀了清王朝将军孚琦，他自己也被捕牺牲。这件事马上引起了清政府的注意。同时，革命党里出现了叛徒。这些迫使起义计划一再改动。4月23日，黄兴从香港潜入广州。因赵声在广州当过军官，不宜过早露面，故改由黄兴任总指挥，并决定4月27日发难。

至27日午前，先锋队员尚未到齐，黄兴等即临时决定改为傍晚。4月27日傍晚五时半，广州起义爆发。当时，黄兴率领林时塽、方声洞、林觉民、朱执信等"敢死队"一百六十人，臂缠白布，手执机械炸弹，勇猛地直扑两广总督署。其他几路队伍，由于领导人陈炯明、胡毅生等临阵逃匿，未能及时发难，使黄兴队伍一开始便陷入孤立无援的境地。起义军发现清两广总督张鸣岐已逃跑，便放火烧掉总督衙门，随后分兵攻袭督练公所等处。接着，他们与清水师提督李准的部队相遇，在东辕门、小北路等地展开了激烈的巷战。他们奋不顾身，前仆后继，顽强地同敌人战斗了一夜，杀死杀伤敌人不计其数。

战斗总指挥黄兴早在战前就立下了"本日驰赴阵地，誓身先士卒，努力杀贼，此书以当绝笔"的绝命书。在激烈的战斗中，他的右手食、中二指被子弹击断，就用左手执枪，仍然坚持战斗。朱执信在战斗中也负了伤。起义军终因实力悬殊而失败。黄兴、朱执信等负伤后化装逃脱。战斗中英勇牺牲的有林时壤、方声洞、罗进等五十七人，被捕后慷慨就义的有喻培伦、林觉民等二十九人，共八十六人。这些烈士中，有学生、工人、农民、教员、商人和士兵等，他们在战场上冲锋陷阵，视死如归；在刑场上怒斥敌人，宁死不屈。战斗中，喻培伦在一臂已废的情况下，仍毫无惧色，胸前挂着满满的一筐炸弹，奋勇向清军投去，吓得敌人魂飞胆破，最后身中数弹，不幸被捕，牺牲时年仅二十五岁。林觉民在福州西郊西禅寺制造了大批炸弹，完工后，他计划把炸药放到棺材里，让夫人假装送葬，运到前线，后因妻子已怀孕，活动不便，才改由方声洞的胞妹护送到香港。1911年4月25日天亮前，即起义前两日，林觉民写下了《禀父书》《与妻书》两封绝笔信，激扬文字，跃然纸上，催人泪下。在战斗中，他在腰部中弹倒地的情况下，仍忍着剧痛，爬起来坚持搏斗，直到昏倒在地被捕。在被囚的几天里，林觉民不喝一点水，不吃一口饭，以绝食相抗议。张鸣岐亲自给他倒茶点烟，想诱骗他讲出革命党的内幕。在敌人的审讯大堂上，他慷慨陈词，痛斥现实，大谈革命形势，声泪俱下地劝清朝官吏洗心革面，重新做人。这种强烈的忧国忧民的情感，甚至使在场的清朝官吏也都默默无语。就义时，林觉民年仅二十四岁。

起义后，人们收殓到战斗中牺牲和慷慨就义的烈士遗骸七十二具，革命党人潘达微迎葬在广州城外东北郊白云山麓的"红花岗"。遍地的黄花掩盖着牺牲的烈士们，潘达微遂将此地改名为"黄花岗"。后来，孙中山在广州黄花岗烈士墓前亲笔题写"浩气长存"四个大字，以昭示后人。

清末预备立宪

同盟会成立之后，革命形势蓬勃发展，使清政府大为震惊，若干朝廷重臣、地方督抚，为了维护清朝的统治，并且保持和扩大自己的权势，要求"变更体制"，"实行立宪"。日俄战争后，一些民族资产阶级上层的代表人物，趁机以"俄以专制败，日以立法胜"为理由，提出立宪的要求，以便自己能有机会参与国家政权。

光绪三十一年（1905）七月，清廷发出谕旨，派载泽、戴鸿慈、徐世昌、端方及绍英五大臣赴东西洋各国考察宪政。9月24日，五大臣带领大批参赞随员，乘火车离京启行。革命党人吴樾（yuè）怀揣炸弹，乔装成皂隶（衙门里的差役，因穿黑色衣服，故名皂隶），从容步入站台，登上五大臣专车，准备炸毙五大臣，但由于车身震动，触发炸弹，吴樾死难，载泽、绍英二人负伤，出洋考察只得暂缓。10月25日，清政府又改派李盛铎、尚其亨顶替徐世昌、绍英，凑足五人再行分途出国考察。

光绪三十二年（1906），五大臣先后回国，他们向慈禧太后力陈实行立宪的种种好处。他们看到，天下人心思变，如果拒不实行任何改革，就不能安定人心；而人心不安，革命党就容易"煽动"群众，革命的"祸乱"就难以避免。只要先定下立宪的"国是"，就能安抚立宪派，稳定大局，如果继续狐疑，就会使希望立宪的人们失望，甚至"激成异端邪说，紊乱法纪"。总之，正如载泽向慈禧太后密奏立宪有三大好处："皇位永固""外患渐轻""内乱可弭（平息、消灭）"。并提醒她说："今日宣布立宪不过明示宗旨为立宪之预备，至于实行之期，原可宽立年限"。慈禧太后反复考虑他们的建议，于光绪三十二年（1906）九月一日颁布上谕，宣布"预备仿行宪政"，这道上谕承认，"各国之所以富强者，实由于实行宪法，取决公论"；而中国"政令积久相仍，日处阽危（面临危险。阽，diàn），受患迫切"：所以"非广求知识，更订法制"不可。尽管清廷宣称要"仿行宪政"，但又声称"大权统于朝廷，庶政公诸舆论，以立国家万年有道之基"。同时又借口"目前规制未备，民智未开"，将"视进步之迟速，定期限之远近"。

清政府的"预备立宪"，使民族资产阶级上层看到参政的希望，他们的代表人物立刻积极活动起来。张謇、汤寿潜等在上海组织了"预备立宪公会"。康有为将保皇会改组为"中华帝国宪政会"，梁启超与蒋智由等在日本东京建立"政闻社"。此外，汤化龙在湖北成立"宪政筹备会"，谭延闿（kǎi）在湖南成立"宪政公会"，丘逢甲在广东成立"自治会"。

这年五月，清政府首先宣布改革中央官制，行政中枢仍为军机处，把部的数目增为 11 个，有些部的名称有所更改。这次改革标榜不分满、汉，但是各部长官中，满洲贵族的人数不仅没有减少，反而有所增加。一些重要的部如陆军、度支、外务等，长官都是满洲贵族。第二年，宣布改革地方官制，把各省督抚的军权、财权分别收归中央陆军部和度支部。立宪派见清政府并无立宪的实际行动，便采取联名上书请愿的办法，要求清政府速开国会。光绪三十四年（1908）八月，预备立宪公会联络宪政公会、宪政筹备会、自治会等立宪团体，邀集各省立宪派的代表到北京，向清政府请愿。一些地方督抚也申请早日召开国会。清政府在这种情况下，颁行了《钦定宪法大纲》，宣布以九年为立宪的预备期限，《钦定宪法大纲》以根本大法的形式，确定"君上大权"，规定皇帝有颁行法律、召集或解散议院、设官制禄及黜陟（chù zhì，人才的进退，官吏的升降）百司、统率陆海军及编定军制、宣战议和及订立条约、总揽司法等权，实际上与专制君主并无多少差异。

宪法大纲颁布后不久，同年十一月，光绪皇帝与慈禧太后相继死去。不及三岁的溥仪继承帝位，由其生父载沣以摄政王执政，改元宣统。

载沣执政后，宣布要继续推行立宪；同时进一步加强皇室贵族集权。他以"足疾"为名，罢斥了权势显赫的袁世凯，令其回籍"养病"，自己以监国摄政王代理大元帅，亲统禁卫军。命其弟载洵和载涛分别担任海军大臣和军咨大臣，荫昌担任陆军大臣，由皇室来把持兵权。

宣统元年（1909）十月，诏令各省成立咨议局。各省咨议局基本上为立宪派所控制。立宪派的头面人物如张謇、汤寿潜、汤化龙、谭延闿、薄殿俊等，分别担任江苏、浙江、湖北、湖南、四川等省咨议局的议长。

江苏省咨议局成立后，议长张謇向各省呼吁，主张速开国会，组织责任内阁。12月，十六省咨议局代表会集于上海，决议到北京向都察院请愿上书。第二年1月，十六省咨议局代表在北京联名上书。清政府坚持九年预备立宪的期限，拒绝速开国会。第一次请愿失败，6月，立宪派组织了十个请愿团，赴都察院上书，仍遭拒绝。第二次请愿也失败。10月，清政府的中央资政院在北京正式开会。这时，各省立宪派联名举行第三次请愿，立宪派组成的国会请愿代表团向资政院呈递了请愿书，资政院的多数议员支持立宪派的活动，资政院将请愿书上达，并且通过"陈请速开国会"的奏折和设立责任内阁的议案。各省督抚也发来电报，呈请清政府设立内阁、召开国会，迫于这种形势，清政府宣布缩短预备立宪年限，定于宣统五年（1913）召开国会，在国会召开前两年，先成立内阁。另一方面又利用立宪派的分化对他们采取强硬态度，下令押解东三省的请愿代表返回原籍，宣布禁止请愿活动。

　　宣统三年（1911）5月，清政府宣布第一届"责任内阁"成立。以庆亲王奕劻为总理大臣，徐世昌、那桐为协理大臣。在十三名内阁成员中，汉族仅四人，满族有九人，其中皇族占七人，被称为"皇族内阁"。

　　皇族内阁的成立，彻底暴露了清政府假立宪的骗局，引起全国人民的愤怒，就是原来赞成民国二年（1913）召开国会的那部分立宪派，也大失所望，各省咨议局议长再次在北京召开联合会，推举谭延闿为主席，向清政府上书，要求另组内阁。他们的请求，遭到清政府的断然拒绝。至此立宪运动失败。

武昌起义

清政府在外国侵略者的压迫下，变法图强未能挽救危局，从而走向没落，民族资产阶级开始成为主导历史命运的力量。

1908 年慈禧太后与光绪皇帝相继去世，年仅三岁的宣统皇帝溥仪即位，其父载沣摄政。1911 年 5 月，清政府公布的内阁名单中满族人有九名（其中七名是皇族），汉族有四名，被人称为"皇族内阁"。这引起了立宪派的不满，有一部分人参加了革命党。

1909 年，湖南遭受水灾，粮食紧缺。到 1910 年，长沙米价暴涨，爆发抢米风潮。同时，山东抗捐斗争掀起高潮。

清政府为了维护其统治，将广东、四川、湖北、湖南等地的商办铁路收为国有，然后又出卖给英、法、德、美四国银行团，这激起湘、鄂、粤、川等省人民的强烈反对，掀起了保路运动。

1911 年 9 月 7 日，四川总督赵尔丰逮捕保路同志会蒲殿俊、罗纶、张澜等人，枪杀数百名请愿群众。第二天又下令解散各处保路同志会。此举激起四川人民更大愤怒，成都附近的保路同志军揭竿而起，围攻成都，全川同盟会员借机发动了武装起义。9 月 25 日，"延安五老"之一的吴玉章以及同盟会成员王天杰、龙鸣剑等人领导荣县独立，荣县成为全中国第一个脱离清王朝的政权。它把保路运动推向高潮，成为武昌起义的先声。不久，赵尔丰制造了"成都血案"，点燃了武昌起义的导火线。

1911 年 9 月，革命党人居正来到武昌，召集由中国先进知识分子组成的共进会和文学社的领导人召开会议，筹划武装起义，推举蒋翊武为临时总司令。

1911 年 10 月 9 日，孙武等人在汉口俄租界配制炸弹时不慎引起爆炸。俄国巡捕闻声而至，搜去革命党人名册、起义文告等，起义秘密泄露。湖广总督瑞澄立即下令关闭城门，四处逮捕革命党人，革命党人刘复基、彭楚藩遇害，武汉三镇顿时充满紧张气氛。革命党人决定于当天晚上 12 时发动起义，但由于武昌城内戒备森严，各标营当时无法取得联系，当晚起义计划落空。

10 月 10 日晚，新军营中士兵金兆龙打伤排长陶启胜，打响武昌起义第一枪。不久，工程第八营的革命士兵在熊秉坤的率领下，冲出营房，在军械库内的革命士兵配合下，攻下楚望台。革命军各路人马纷纷会集到一起。总督瑞澄逃走。经过一夜血战，革命军占领武昌。

汉阳、汉口的革命党人闻风而动，分别于 10 月 11 日夜、10 月 12 日早晨举行起义，光复了汉阳和汉口。起义军掌控武汉三镇后，湖北军政府成立，黎元洪被推举为总督，改国号为中华民国，并号召各省民众起义响应。武昌起义胜利后的短短两个月内，湖南、广东等 15 个省纷纷宣布脱离清政府独立。

武昌起义消灭了清军大批有生力量，沉重打击了清政府，敲响了清王朝封建统治的丧钟，为后来辛亥革命的最终胜利打下了基础。

1912 年 1 月 1 日，中华民国临时政府在南京成立，孙中山被推举为临时大总统。1912 年 2 月 12 日，清帝溥仪退位，清朝灭亡。

张謇：近代实业第一人

位于江海平原的海门县有个小镇，名叫长乐镇，镇上有一棵大得几个人才能抱得住的罕见的银杏树。这棵大银杏的老主人，就是近代商业巨子，南通家喻户晓的"张状元"。

"张状元"姓张名謇，1853年生。祖先是南通州金沙人，移居到海门长乐镇，他的父亲是做小生意的自耕农。张謇的父亲与中国大多数农民一样，含辛茹苦，剩下点钱供儿子读书。倒也不敢存让儿子当状元的念头，就想将来打个官司写个状子，总还可以吧。张謇先天非常聪颖，后天又很勤奋努力，不负父望，在十六岁就考中秀才。父亲高兴坏了，觉得儿子有光宗耀祖的希望，便卖了田供张謇读书，指望着儿子将来能考上状元，升官发财。但张謇的哥哥很不高兴，觉得自己的父亲也太偏心了，家里已经很困难了，还卖掉田地，一家人怎么生活啊？张謇体谅家里的困难，二十四岁投奔了吴长庆做幕僚。这吴长庆是淮军的头目，可是个大官，连后来当了大总统的袁世凯都一度是其幕僚。在出任吴长庆将近十年幕僚的生涯中，张謇以他美妙的书法、流畅的文章、积极的进取精神，为吴长庆所厚爱，使得张謇很快名扬江淮一带。人们都觉得他一个穷书生能有如此造诣，极为不易。

1894年，张謇获甲午科殿试一甲的头名状元。一个穷秀才成了状元郎，对百姓而言，简直是平步青云。历史上许多人由考上状元而官至翰林，甚至可以官至丞相。可万万没想到，张謇断然决定弃官而从事实业。张謇宣布这一决定的时间是1895年冬，当这个消息传出后，朝野震惊，朋辈好友一片反对之声。要知道，几千年来中国传统的观念是"士农工商"，手工业者与商人的社会地位排在农民之下，一个状元去从事工商业岂不是咄咄怪事？张謇是经过深思熟虑后才做出这一决定的。眼见中国积贫积弱，张謇深深地感到传统士大夫歧视工商业，是造成此种局面的一大原因。为什么读书人都往官道上挤呢？张謇在北京时，有一天，正下着瓢泼大雨，雷电交加。他看见许多大臣双膝跪在泥水中，仅仅是为了迎候"老佛爷"那拉氏驾到。有强烈自尊心的张謇，不觉得做一个这样的官员有多大的意思。

张謇从事实业虽说是另辟蹊径，但这条道路可以说是崎岖不平。1895 年冬，他开始招商集资，筹办大生纱厂。但当时因循守旧的风气还很浓厚，加上大量洋纱倾销的压迫，使得张謇集资非常困难。他东奔西走，足迹遍及南京、上海、武汉和南通各地，从官府到有钱的私人，他苦苦地求人们出资，可十之八九会碰壁而归。1899 年，纱厂的厂房总算建成了，可营运资本还无着落，逼得张謇万般无奈时，决定用所收棉花来纺纱。结果开工后，棉纱的销售情况很好，张謇办实业，第一次看到了以辛劳换来的硕果。1897 年时，南通地区每天需用日本的棉纱八十箱。在大生纱厂开工后，原来用洋纱的大多改用大生棉纱，这样，相当数量的棉花由先前外销转为供应大生纱厂。大生纱厂是我国近代纺织史上最早的一家规模较大的工厂。

以后，张謇又陆续开办了一批企业，有轮船、冶铁、盐业、渔业等公司，有榨油、酿造、发电、食品、肥皂等工厂。

张謇自然不同于一般的实业家，他开办工厂，不以个人发财为唯一目的。他的目标是，欲使国富，首先应让地方实现区域性自治。而要达到这样的目的，除了兴办实业，另一至关重要的是

办教育。

在教育方面，张謇认为救亡图存，富国强民，教育是关键。他身体力行，自 1902 年起，在他主持或倡导下，南通地区在二十年内，先后建立了三百七十余所小学，六所中等学校，四所职业学校，包括了纺织、农业、商业、医学、商船、铁路、测绘、财会等专业及普通中学，以后又从中选择人才创办成三所大专学校。张謇创办的通州师范学校，是中国第一所中等师范学校。

在政治方面，张謇是一个爱国主义者。在中法战争和中日战争中，他都积极主张抵抗帝国主义侵略，并且上书抨击投降派。在戊戌变法时期，他因为看到后党势力强大，便没有积极参与变法，但他是拥护变法的。辛亥革命之前，他作为民族资产阶级的右翼代表，自然成为立宪运动的首领。他曾担任预备立宪公会的副会长和江苏咨议局议长，还写了一系列文章宣传君主立宪主张。他还发起和领导了1910年各省立宪派代表进京请愿运动。尽管他不赞成革命，但是他反对封建专制，要求建立资产阶级宪政国家的活动，仍然具有一定的进步作用。

辛亥革命后，他出任袁世凯政府的农林工商部总长，很想有一番作为，提出了许多施政方针。但袁世凯要做皇帝了，他只好回家。回到南通以后，大生纱厂渐渐由亏损而转卖，他一生的心血付之东流。1926年，他在南通病故。

如今，张謇故居前那高大的银杏树依然生机勃勃，人们在其故居建立了"张謇陈列馆"，来纪念这位造福一方的人物。